TALENTO
e SUPERDOTAÇÃO

PROBLEMA
ou SOLUÇÃO?

SÉRIE INCLUSÃO ESCOLAR

Maria Lúcia Prado Sabatella

Talento e superdotação:
problema ou solução?

3ª edição

Rua Clara Vendramin, 58 – Mossunguê
CEP 81200-170 – Curitiba-PR – Brasil
Fone: (41) 2106-4170
www.intersaberes.com
editora@intersaberes.com

Conselho editorial
Dr. Alexandre Coutinho Pagliarini
Dr.ª Elena Godoy
Dr. Neri dos Santos
M.ª Maria Lúcia Prado Sabatella

Editora-chefe
Lindsay Azambuja

Gerente editorial
Ariadne Nunes Wenger

Assistente editorial
Daniela Viroli Pereira Pinto

Edição de Texto
Monique Francis Fagundes Gonçalves

Capa
Denis Kaio Tanaami

Projeto Gráfico
Bruno Palma e Silva

Diagramação
Regiane Rosa

Ilustrações
Eduardo Borges

Iconografia
Regina Claudia Cruz Prestes

Dados Internacionais de Catalogação na Publicação (CIP)
(Câmara Brasileira do Livro, SP, Brasil)

Sabatella, Maria Lúcia Prado
　　Talento e superdotação : problema ou solução? / Maria Lúcia Prado Sabatella. -- 3. ed. -- Curitiba, PR : Editora InterSaberes, 2023. -- (Série inclusão escolar)
　　Bibliografia.
　　ISBN 978-85-227-0640-2
　　1. Crianças superdotadas - Educação I. Título. II. Série.

23-155628　　　　　　　　　　　　　　　　CDD-371.95

Índices para catálogo sistemático:
1. Crianças superdotadas: Educação　371.95
2. Superdotados: Educação　371.95

Eliane de Freitas Leite – Bibliotecária – CRB 8/8415

Foi feito o depósito legal.

Informamos que é de inteira responsabilidade da autora a emissão de conceitos.

Nenhuma parte desta publicação poderá ser reproduzida por qualquer meio ou forma sem a prévia autorização da Editora InterSaberes.

A violação dos direitos autorais é crime estabelecido na Lei n. 9.610/1998 e punido pelo art. 184 do Código Penal.

Sumário

Agradecimentos 7
Apresentação 11

1 Alto potencial e a alteração
  da estrutura cerebral 19
   1.1 O cérebro e seus aspectos biológicos 21
   1.2 Influência do processo ensino-aprendizagem
       na alteração da estrutura cerebral 27
   1.3 A organização do cérebro 30
   1.4 Os hemisférios do cérebro 32
   1.5 Integração das funções dos hemisférios
       do cérebro 38

2 Inteligência 41
   2.1 As tentativas de medir a inteligência 45
   2.2 Expansão do conceito de inteligência 50

3 Superdotação 61
   3.1 Evolução das denominações e orientações legais 64
   3.2 Conceituação 70

3.3	Características dos superdotados	76
3.4	Traços comuns no aluno superdotado	84
3.5	Diferenças importantes – nível e intensidade	90

4 Considerações sobre os procedimentos de identificação 103

4.1	Validade dos testes formais	112
4.2	Identificação feita na escola	120

5 Consequências da falta de identificação 125

5.1	Problemas de comportamento	128
5.2	Problemas emocionais	130
5.3	Percepções, interpretações e diagnósticos equivocados	133

6 Dimensões emocionais do superdotado 139

6.1	Ser superdotado	143
6.2	Desafios que geram necessidades	144
6.3	Necessidades e suas consequências	150
6.4	A questão do gênero	153
6.5	Sinais de alerta	156

7 Educação do aluno superdotado 165

7.1	Necessidades educacionais especiais	168
7.2	Importância de programas especiais	170
7.3	Alternativas educacionais para alunos superdotados	173
7.4	Modalidades de estratégias pedagógicas	185
7.5	Alternativas de trabalho em grupo	190
7.6	Programas especiais: ferramenta para a excelência	200

8 Diferentes e admiráveis – considerações finais 203

Fontes para pesquisa 215
Referências 221
Sobre a autora 233

Agradecimentos

Gratidão é algo que parte do íntimo; é um sentimento que aflora no momento, sem deixar de ser lembrança. É impossível não estar relacionado às intenções que deram início a uma jornada, aos percalços e sucessos de sua construção e à satisfação da reta final.

Essa gratidão não pode ser dissociada da importância que grandes e pequenas ações, palavras e contribuições fazem para o alcance de um objetivo.

Este é o momento de saborear a sorte feliz da realização e externar o agradecimento a todos que, direta ou indiretamente, material ou espiritualmente, possibilitaram sua concretização. Em especial para:

Iwan Sabatella, pai exemplo, que me lecionou honestidade, determinação, coragem e a responsabilidade de alcançar o melhor possível em tudo que me disponho a fazer.

Maria Batista Galvão, educadora extraordinária, cuja visão me possibilitou começar a aprender, sem se importar com o número de meus aniversários.

Joan Franklin Smutny, defensora das necessidades dos superdotados, que permanentemente envia gotas de estímulo, sem saber que suas palavras me fazem avaliar a dimensão educacional de cada pequena realização.

Artur da Távola, brasileiro lutador, diferente reconhecido, que ensinou e instigou o pensamento reflexivo, com os fantásticos instrumentos que dominava, seja na literatura, música, educação ou legislação. Minha gratidão por tão bem descrever e permitir a reprodução de como é a alma dos diferentes, no texto cuja reprodução autorizou nesta obra e que agora tivemos a satisfação de também ter essa permissão de seus descendentes.

As famílias que confiam seus filhos, seus tesouros e suas angústias, importantes parceiros na busca de soluções e no estímulo para o encontro de caminhos.

Crianças, jovens e adultos superdotados, especiais e diferentes, sempre ensinando a aprender mais sobre eles e trazendo situações e conclusões singulares que enriquecem e ilustram este livro e nossas vidas.

O Inodap, como centro de excelência em inteligência humana, com pesquisa permanente nessa área e seus parceiros que apoiam seus projetos sociais e possibilitam que todos os alunos, sem distinção de classe social, possam identificar seus talentos e habilidades.

A equipe da Editora InterSaberes, pelo profissionalismo e exemplo de trabalho sério, entremeado ao tratamento entusiasmado e afetivo, que faz toda a diferença.

Tenho de ressaltar a excelência de sua editora-chefe, Lindsay Azambuja, que acreditou e apostou nesta obra desde a primeira elaboração; Adriane Ianzen e Jerusa Piccolo, editoras-assistentes, envolvidas com os resultados; André Akamine Ribas, analista de informação, empenhado na produção, incentivador e tolerante com meu ritmo e com surpreendente capacidade de avaliação nesse assunto tão específico; Monique Gonçalves e Alexandre Olsemann, analistas de linguagem, pela competência na revisão do texto; Bruno Palma e Silva, detentor da habilidade de traduzir graficamente a mensagem; Regiane de Oliveira Rosa, pela diagramação cuidadosa e precisa e Denis Kaio Tanaami, cuja percepção criativa foi essencial para construir uma moldura à altura do trabalho desse grupo.

Todos são pessoas especiais que, ao dividir seu tempo, compartilhar os avanços, comemorar os progressos e incentivar as conquistas, tornam-se capacitores para a sustentação de um novo entendimento em relação aos indivíduos diferentes, talvez a maior riqueza que nosso país possui.

Apresentação

"Nada é mais difícil do que competir com um mito."
Lao Tse

Esta obra aborda aspectos da educação especial que têm sido objeto de nossa pesquisa na área da inteligência e da superdotação cujo interesse teve como elemento propulsor a constatação de necessidades e diferenças marcantes nos estudantes, durante nossa vivência profissional, tanto na área das artes como atuando no ensino regular.

A construção do conhecimento a respeito dessa diversidade teve, primeiramente, de ultrapassar a barreira das convicções que todos os professores dedicados e idealistas têm quando iniciam sua carreira. Aquelas certezas de que a grande dedicação resultará sempre em acerto e de que podem educar todos igualmente.

O desafio de iniciar a docência com jovens e adultos com talentos artísticos, em diferentes níveis de desenvolvimento, determinados a se tornarem músicos, solistas, cantores, compositores, regentes, instrumentadores de orquestra ou professores, favoreceu o entendimento sobre a singularidade das habilidades pessoais. Aprendemos que os níveis de competência e destreza, que podem ser alcançados artisticamente, independem da formação acadêmica ou faixa etária.

Trabalhar no ensino regular oportunizou a implementação de um projeto com filosofia e princípios diferenciados e a convivência com uma realidade educacional regida por determinações legais limitadoras para os alunos de potencial superior.

Nesse tempo de convivência prática, acompanhamos a insegurança dos educadores por não saber lidar com diferenças intelectuais, mas, muitas vezes, ficamos inconformados ao reconhecer grandes inteligências atuando em câmera lenta. A lacuna na formação dos professores em relação à educação especial, principalmente da superdotação, não impediu que verdadeiros mestres, sensíveis e determinados, pudessem fazer a diferença na vida de muitos alunos.

Convivemos com a angústia dos pais sem preparo para entender uma mente brilhante e desafiadora, desejando o filho igual aos demais, adequado aos colegas de sua idade.

Compreendemos que as áreas mentais se desenvolvem em ritmos diferenciados e que alguns alunos avançam em velocidades surpreendentes, mas o ensino regular os nivela pela data de nascimento, e não pelo conhecimento ou competência. Vimos, nesses alunos tão especiais, alguns sucessos, muita tolerância, resiliência e, infelizmente, frustrações, humilhações, desvios e desistências da escola ou da vida.

Hoje podemos dizer que essa caminhada fundamentou a determinação para lutar por uma mudança de mentalidade, que resulte em contribuições efetivas nas deliberações legais e no comprometimento para cumpri-las. A pesquisa permanente e a disponibilidade para informar têm ajudado a sensibilizar a comunidade e a favorecer outros profissionais a se tornarem multiplicadores, unindo-se para defender os direitos dos superdotados, reconhecê-los e respeitar suas diferenças.

A educação dos superdotados é, sem dúvida, complexa e, ao mesmo tempo, desafiadora. Mostra-se intrigante e fascinante, pois sempre esteve cercada por fortes resistências e preconceitos, gerando polêmicas e suscitando múltiplas questões pela impossibilidade de essa educação ficar limitada aos modelos previamente estabelecidos para a maioria dos alunos.

Muitas crianças e jovens extremamente inteligentes, criativos ou excepcionalmente brilhantes estão sendo educados por adultos que não sabem, não percebem ou não entendem o alcance de seu potencial intelectual. Esses estudantes, algumas vezes, são erroneamente identificados como tendo problemas de conduta, quando a decepção e a frustração com as questões escolares são as causas de seu comportamento ou insatisfação. Normalmente os superdotados chegam na escola sabendo muito dos conteúdos e têm de cursar programas projetados para alunos cujo ritmo de aprendizagem é mais lento. Independentemente de seu conhecimento avançado, são alunos cujas necessidades intelectuais e emocionais são universais: serem reconhecidos, serem aceitos e encontrarem oportunidades para experienciar o desafio e a alegria de aprender.

Frequentemente vistos com indiferença e até com certa hostilidade, somente na última década os superdotados começaram a merecer uma atenção especial no Brasil, no sentido de favorecer, de forma sistematizada, o desenvolvimento e o aproveitamento de seu potencial. Embora a Organização Mundial de Saúde – OMS (Unesco, 2002) estime que os superdotados concentram-se na faixa de 3,5 a 5% da população geral, esses dados baseiam-se apenas nos resultados obtidos em testes tradicionais de QI, que não são instrumentos conclusivos para identificar todos os tipos de habilidades. Se considerarmos esse dado, mesmo sabendo que é uma estimativa inferior à realidade, em nosso país, teríamos quase 9 milhões de pessoas incluídas nesse universo. Esse registro, por si só, é suficiente para justificar medidas urgentes para ações educacionais específicas para os alunos superdotados.

O desenvolvimento de nossa pesquisa deve-se à necessidade de encontrar alternativas educacionais para os indivíduos que apresentam habilidades e potenciais superiores em vários campos do conhecimento, da produção ou criação e que ainda não recebem a educação ou a assistência a que têm direito, sendo esquecidos nas suas necessidades intelectuais, emocionais e sociais.

A educação adequada para os superdotados tem o potencial de mudar suas vidas. Não há exagero nessa afirmação, pois temos visto alunos apáticos se entusiasmarem ao serem expostos a conteúdos novos ou a desafios compatíveis; alunos vistos como desmotivados e negligentes alterarem o comportamento quando colocados em séries adequadas ou quando possibilitados de utilizar sua capacidade artística; indivíduos desacreditados desenvolverem talentos extraordinários.

Este livro foi idealizado para tornar a superdotação mais visível no contexto educacional e familiar, procurando sensibilizar e ampliar a consciência da responsabilidade pela identificação de indivíduos cuja inteligência não se ajusta aos padrões convencionais. O interesse e a receptividade que a presente obra despertou no pouco tempo desde sua publicação, levando à elaboração desta segunda edição, reforça o reconhecimento de que a literatura nesta área ainda é escassa.

No decorrer dos assuntos usamos a denominação adotada atualmente pela Secretaria de Educação Especial (Seesp)/MEC: superdotado e superdotação. Como, na educação brasileira, a nomenclatura para os estudantes superdotados foi modificada ao longo do tempo, algumas referências e citações aparecem com a terminologia utilizada pelo autor citado, muitas vezes ligada às diretrizes legais no momento da publicação.

Iniciamos com a descrição de aspectos biológicos do cérebro, as modificações que ocorrem em sua estrutura em decorrência da interação com o meio ambiente, a especialização dos hemisférios e a integração de suas funções. Esse assunto, como introdução, tem o objetivo de propiciar a compreensão da inteligência, as tentativas de encontrar uma forma de mensurá-la, a evolução de sua conceituação e os estudos que nos trazem elementos para discussão a respeito da sua natureza multifacetada.

Seguimos abordando a superdotação e as diversas denominações encontradas para designar os indivíduos com potencial intelectual superior. Descrevemos conceitos, características e traços comuns aos alunos superdotados e procuramos esclarecer que existem diferenças importantes nos níveis de seu potencial e na intensidade emocional e de sensibilidade que apresentam.

As características e os indicativos do potencial superior, importantes na identificação dos alunos superdotados, são comentados e é reconhecida a contribuição dos pais e dos professores para que isso aconteça, embora os educadores ainda sofram com carência de conhecimento em sua formação profissional.

Discutimos a validade dos testes formais, se usados exclusivamente, citamos os instrumentos mais empregados e informamos a possibilidade de estratégias pedagógicas compatíveis para a identificação e desenvolvimento dos superdotados. Levantamos as possíveis consequências comportamentais e emocionais que podem ocorrer quando os alunos não são identificados. O desconhecimento de suas características tem levado a percepções, interpretações e diagnósticos equivocados, uma vez que os comportamentos peculiares dos superdotados, apontados como o motivo das queixas escolares e sociais, são muito semelhantes a sintomas de alguns transtornos. Procuramos analisar esse aspecto que tem preocupado educadores e profissionais de saúde.

Esta edição traz um capítulo específico sobre a dimensão emocional dos superdotados, no qual procuramos mudar o enfoque comum de abordar as questões emocionais como um problema que educadores e pais devem administrar. Buscamos analisar que, se um indivíduo aprende, entende e age de forma diferente dos demais, será improvável que sua dimensão emocional e suas reações correspondam ao encontrado nos indivíduos comuns. O aprofundamento desse assunto deve-se ao pedido de jovens leitores. Por conhecermos a conduta dos superdotados, percebemos que a sugestão de um maior enfoque na emoção e sensibilidade sinalizava a expectativa com que procuram explicações para algumas de suas questões. Esperamos ter conseguido, pelo menos em parte, elucidar o que desejam.

Finalizamos com um capítulo sobre a educação de superdotados e as alternativas educacionais que podem ser empregadas. Descrevemos a importância de programas adequados e as modalidades de estratégias pedagógicas mais recomendadas. Abordamos, ainda, algumas formas de trabalhos desenvolvidos em grupos de pais, adultos ou para o desenvolvimento de talentos.

Nesse mesmo capítulo, procuramos considerar o que nos parece ser a causa principal da dificuldade dos professores assumirem os superdotados na sala de aula. Vimos que nos textos e publicações a respeito da sua educação o termo *atendimento* é o mais empregado. Fala-se de atendimento aos alunos superdotados, modalidades de atendimento, necessidades de atendimento ou atendimento na sala de aula.

A educação dos alunos superdotados herdou essa palavra das orientações dirigidas aos demais tipos de necessidades especiais, como as disfunções, limitações, deficiências ou as dificuldades de comunicação e sinalização. Essa denominação, comum ao vocabulário clínico ou de técnicas de cuidados específicos, significa prestar auxílio, assistência, amparo e socorro. Entretanto, a formação profissional do educador é sustentada em conteúdos dirigidos para a construção de competências que possibilitem o desenvolvimento e o controle da aprendizagem. No panorama da educação, as expressões mais utilizadas são aprender, ensinar, planejar, avaliar ou recursos, métodos e estratégias pedagógicas. O professor do ensino regular comum não agrega, em sua linguagem ou prática docente, a concepção de prestar atendimento no cotidiano da sala de aula.

A recente publicação do MEC sobre a construção de práticas educacionais para os alunos com altas habilidades/superdotação foi feliz na escolha de seu título (Brasil, 2007). A referência a práticas educacionais está integrada na vivência do professor e irá aproximá-lo dos alunos superdotados dentro das salas de aula. Decidimos, então, desenvolver todo o conteúdo da educação dos superdotados dentro desse novo enfoque.

Decidimos apresentar inicialmente os vários assuntos pela abordagem da pesquisa da literatura para, em seguida, relacioná-los com as conclusões e resultados levantados em nossa prática profissional. A tentativa de trazer a teoria para a prática mostra-se esclarecedora e facilita a identificação de comportamentos inerentes à superdotação. As inserções de pequenas histórias e declarações ilustram a forma espontânea com que crianças e jovens superdotados relatam suas experiências ou expressam sentimentos. Algumas definições, usando a lógica pura, peculiar dos indivíduos inteligentes, são, ao mesmo tempo, singelas e divertidas.

Os mitos e as concepções errôneas disseminadas como verdade são os principais responsáveis pela incompreensão para as necessidades diferenciadas do indivíduo superdotado e pelos prejuízos relacionados com a falta de seu reconhecimento. Por isso mesmo eles estão colocados no decorrer dos assuntos, com a intenção de incentivar a reflexão sobre as afirmações mais difundidas, registradas e disseminadas pelo senso comum e verificar a sua validade. Eis um processo que provavelmente contribuirá para a construção de um novo saber.

Capítulo 1

1 Alto potencial e a alteração da estrutura cerebral

Os professores têm convivido sempre com alunos superdotados durante sua trajetória profissional. Esse aluno se parece com qualquer outro aluno; pode ser aquele que pergunta muito e interrompe a sequência da aula ou aquele que conversa e atrapalha, o qual, geralmente, o professor tem de separar dos amigos para que ele consiga terminar as lições; pode, entretanto, ser um aluno tranquilo e cumpridor de todas as obrigações, mantendo-as em dia, que não fala alto ou perturba o andamento do trabalho escolar; como pode, também, ser o manipulador, que nunca segue completamente as determinações e que quase sempre entrega seus trabalhos no último prazo.

Embora os professores ensinem, conversem, inquiram, avaliem e compartilhem seu espaço com alunos de grande potencial, nem sempre os reconhecem ou entendem suas necessidades diferenciadas. A ameaça ao futuro deles é uma realidade. Desse modo, o primeiro passo é assumir que, de fato, os superdotados têm características e necessidades específicas e que essas necessidades são críticas (Smutny, 1998).

Os seres humanos, no sentido da totalidade de sua inteligência, personalidade, dons ou habilidades, são altamente dependentes do contexto em que vivem. É difícil avaliar a inteligência e a determinação de um aluno até que lhe seja ofertado um ambiente escolar favorável, no qual possa ser desafiado adequadamente.

Muitas crianças reagem a esse local estranho, que tem linguagem, regras, chefes e território próprios, ao qual chamamos *escola*. Como o cérebro é altamente adaptável, muitas vezes o aluno consegue se acomodar a escolas ou a educadores inadequados, mesmo que de modo impróprio, abrigando-se no fundo da sala, não interagindo, perdendo o interesse e causando preocupação. Até que se proporcione aos alunos um ambiente totalmente envolvente para aprender, não será conhecida sua inteligência e desenvolvida sua total capacidade (Jensen, 2001).

Desde o início do século passado, o debate sobre a inteligência tem enfocado uma questão fundamental: a inteligência do indivíduo resulta, principalmente, da hereditariedade ou de fatores do meio ambiente?

1.1 O cérebro e seus aspectos biológicos

cerveau – gehirn – cervello – cérebro – hjerne – otak – brain

Essas palavras, em sete idiomas diferentes, representam a mais importante, complexa e fascinante estrutura no universo: o cérebro.

Durante séculos, a ciência tem tentado desvendar seus mistérios, buscando compreender o que nos torna quem nós somos.

Para entender como alguns indivíduos desenvolvem mais algumas áreas e alcançam níveis diferenciados de inteligência, e com essa informação favorecer sua educação, é preciso haver alguma familiaridade com a estrutura básica e as funções do cérebro humano.

O cérebro humano é a sede do pensamento e o centro de controle de todo o organismo, e suas funções são tanto espantosas quanto admiráveis. Nele não são produzidos somente os pensamentos, mas é onde se instalam as crenças, armazenam-se as recordações, determinam-se os comportamentos e ajustam-se os estados de alerta e de humor. O cérebro coordena os movimentos, os sentidos de tato, audição, visão, olfato e paladar; permite a formação das palavras, a comunicação, a compreensão das operações numéricas, a harmonização dos sons, a composição musical, a visualização das formas no espaço. Tem a capacidade de planejar com antecedência, de imaginar e de criar fantasias. Ele revisa também todos os estímulos provenientes dos órgãos internos e da superfície corporal, para, em seguida, responder a esses estímulos, corrigir a posição do corpo no espaço, o movimento adequado dos membros, a frequência e o ritmo do funcionamento corporal.

Até o momento, não existe computador que possa se aproximar das capacidades do nosso cérebro; no entanto, a manutenção dessa superioridade requer um fluxo extremamente alto e contínuo de sangue e de oxigênio. Para sustentar a grande exigência do metabolismo neuronal, é preciso de cerca de 20% de todo o sangue que é bombeado constantemente pelo coração. Ele necessita de nutrição permanente e a ausência de fluxo sanguíneo por mais de dez segundos pode causar perda da consciência. A falta de oxigênio, os níveis anormalmente baixos de açúcar (glicose) no sangue ou substâncias tóxicas, podem comprometer a função cerebral em poucos segundos (Brain, 2005).

No nascimento, o cérebro contém entre 100 e 200 bilhões de células; na idade adulta, corresponde a apenas 2% da massa corporal, mas utiliza 20% da energia disponível. O cérebro gera 25 watts de potência quando o indivíduo está acordado e não muito menos durante o sono; as informações caminham através dele com a velocidade de 400 km/h (Teyler, 1977). O córtex ocupa 85% da massa cerebral, sendo responsável pelo fundamento de modelos e técnicas de resolução de problemas; o lobo pré-frontal integra as informações de outras partes do cérebro e sintetiza as reações complexas (Struss; Benson, 1984).

Como outras partes pares do corpo, o cérebro, segundo alguns autores, também é considerado um órgão duplo. Seus hemisférios direito e esquerdo

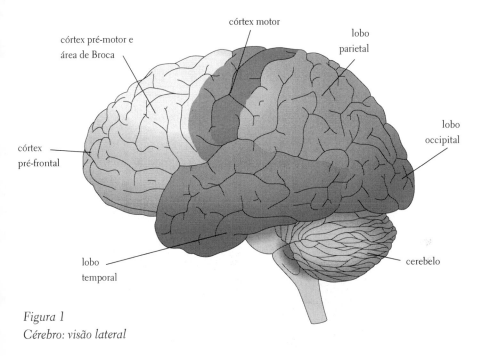

Figura 1
Cérebro: visão lateral

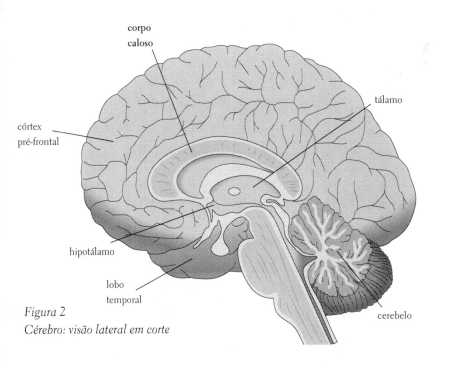

Figura 2
Cérebro: visão lateral em corte

são unidos por um denso feixe de fibras – o corpo caloso* – que possui cerca de 200 milhões de nervos e é responsável pela cooperação bilateral. Com os avanços da pesquisa e da tecnologia, hoje, já sabemos que o corpo caloso transfere cerca de 4 bilhões de mensagens por segundo (Barrett, 1992).

A unidade básica do cérebro – o neurônio – é um minúsculo sistema que sintetiza o processo de informação, recebendo e enviando milhares de sinais. É composto por um grande corpo celular, pelos dendritos** e por um axônio***. Sua especialidade é receber, codificar e enviar estímulos, além das funções relacionadas com o armazenamento de dados, formação de hormônios específicos e síntese de proteínas.

Os dendritos são fibras curtas que se ramificam do corpo celular para receber os estímulos vindos das demais células nervosas. O axônio é uma fibra longa que se estende do núcleo, sendo o transmissor que envia os sinais captados pelas ramificações dos dendritos. Os impulsos recebidos por um neurônio são descarregados ao longo do axônio, trafegando, também, por todas as suas ramificações, até atingir os pontos de contato de outros neurônios (Popper; Eccles, 1991).

A transmissão do impulso nervoso ocorre por um processo eletroquímico. Geralmente a transferência de informações é feita por impulsos elétricos unidirecionais que percorrem o axônio de uma célula até as ramificações do dendrito de um neurônio contíguo. Nos pontos de contato entre os

---

*   Corpo caloso: o cérebro é composto por dois hemisférios, direito e esquerdo, unidos por vários feixes de fibras de comunicação, sendo o maior de todos denominado corpo caloso. Em virtude de uma peculiaridade anatômica (as fibras de saída e de entrada de um hemisfério cruzam a linha mediana na altura do tronco cerebral), o hemisfério direito comanda o lado esquerdo do corpo e o hemisfério esquerdo comanda o lado direito do corpo.

**   Dendritos: são prolongamentos bastante ramificados que têm a função de captar estímulos.

*** Axônio: é o prolongamento terminado em ramificações que delimitam pequenas dilatações responsáveis pela transmissão do impulso nervoso. Em toda a sua extensão, o axônio é envolvido pela bainha de Schwann, cujas células, em muitos axônios, determinam a formação da bainha de mielina (invólucro lipídico), que atua como isolante térmico e facilita a transmissão do impulso nervoso.

neurônios – sinapses[*] – são encontradas substâncias químicas denominadas *neurotransmissores*. Os impulsos elétricos são convertidos em sinais químicos nas sinapses para a passagem das informações. Os neurotransmissores estimulam os receptores, localizados no dendrito do neurônio seguinte, para que este inicie uma nova corrente elétrica. Considera-se que é na sinapse a mais provável localização do mecanismo neurológico de aprendizagem e memória (Thompson; Berger; Berry, 1980).

Cada célula ou circuito do cérebro está diretamente conectado a um espantoso número de outras células. Quando enviamos um impulso consciente às profundezas de nossa memória para obter uma informação, as células que armazenam esse conhecimento comunicam-se com milhares de outras, e uma profusão de imagens pode vir ao nosso pensamento consciente. É possível que a fertilização de informações processadas nesses incontáveis circuitos seja responsável pelo pensamento intuitivo e pelas ideias criativas (Sanvito, 1991).

Entretanto, o neurônio não é o único tipo de célula cerebral. Embora o cérebro tenha uma quantia estimada de 100 bilhões de neurônios, para que possa realizar suas múltiplas atividades, é necessária a presença de células auxiliares, que variam, aproximadamente, entre 10 a 50 vezes esse número – as células gliais. Essas células, também chamadas *neuróglia* ou simplesmente *glia*, têm a função de cercar, sustentar e nutrir os neurônios, isolar os axônios e regular a composição química do espaço extracelular, além de remover neurônios mortos e destruir, na medida do possível, elementos que podem prejudicar o desempenho neuronal, bem como das demais células auxiliares (Viñolo, 1988). As células auxiliares têm, ainda, um papel determinante na formação e reforço da bainha de mielina, camada que protege o axônio.

A mielina é uma substância branca e gordurosa que recobre os axônios, isolando-os, como o encapamento de um fio elétrico. Ela amplifica o sinal emitido pela célula e tem uma importante função, pois permite ao axônio, revestido com essa proteção, conduzir as informações vindas do neurônio muito mais rapidamente que os axônios que não as contêm (Thompson; Berger, Berry, 1980).

---

[*] Sinapse: local de contato entre neurônios onde ocorre a transmissão de impulsos nervosos de uma célula para outra.

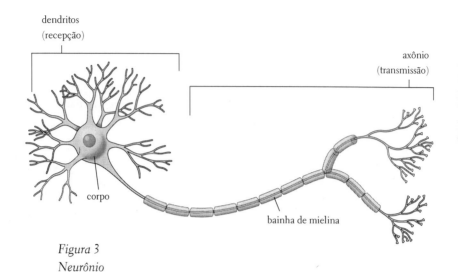

Figura 3
Neurônio

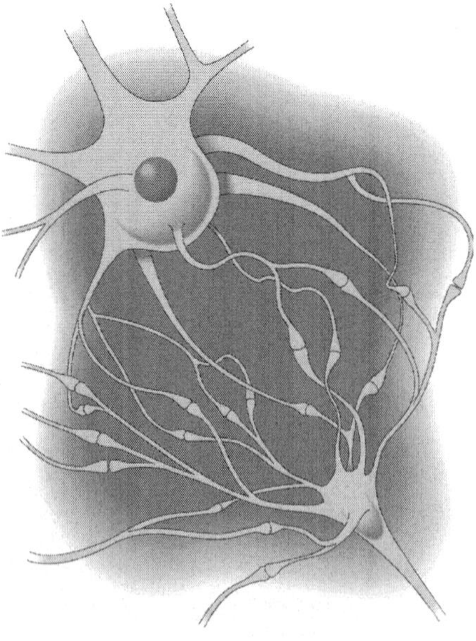

Figura 4
Sinapses entre neurônios

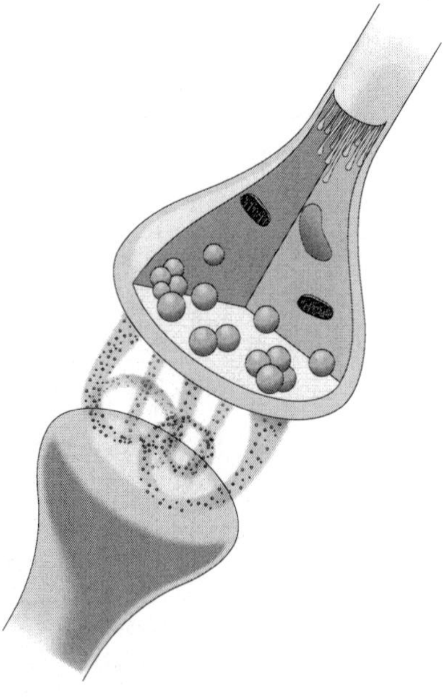

Figura 5
Detalhe de uma sinapse

A proporção da produção das células gliais é influenciada pela riqueza da estimulação proporcionada pelo ambiente (Rosenzweig, 1966). Com estímulos apropriados, o número de células gliais aumenta, favorecendo uma maior mielinização. Isso faz com que as informações sejam transmitidas com mais velocidade e, consequentemente, que a aprendizagem seja acelerada. Um maior número de células gliais propicia o aumento da atividade sináptica e a velocidade dos impulsos entre os neurônios – o que resulta em maior rapidez e mais complexidade nos padrões de pensamento –, duas características encontradas nos indivíduos superdotados.

Cada minúscula célula nervosa está corretamente localizada e pronta para cooperar no alcance do mais alto nível do potencial humano. Com poucas exceções, todas as crianças nascem equipadas com essa maravilhosa e complexa herança.

1.2 Influência do processo ensino-aprendizagem na alteração da estrutura cerebral

A capacidade do aprendizado pode aumentar ou diminuir em 25% ou mais, dependendo do meio de incentivo e estímulo em que o indivíduo se desenvolve. O processo de retenção de informações é melhorado pela qualidade, força e velocidade com que os estímulos são transmitidos. Uma metodologia adequada de ensino pode, consequentemente, incentivar o crescimento das ramificações dos dendritos, a complexidade da rede de conexões entre os neurônios e alterar a quantidade das células gliais. Uma ativação intensa, como um exercício desafiante de aprendizagem, possibilita um considerável aumento no número das sinapses. Assim, amplas oportunidades de exploração do conhecimento podem alterar a estrutura do cérebro humano (Barrett, 1992).

Alguns autores consideram que é, justamente, esse efeito na formação de novas sinapses ou a hipertrofia das já existentes que constitui o substrato da memória, e também parece haver evidência de que as sinapses regridem quando não são utilizadas. O neurobiologista Teyler (1977, tradução nossa) explica:

O tecido do cérebro é determinado como resultado entre a interação de um esquema genético e as influências do meio ambiente. Enquanto as características básicas da organização cerebral são apresentadas no nascimento (a divisão celular está essencialmente completa), o cérebro experimenta um tremendo crescimento no processo neural, na formação das sinapses e da bainha de mielina, diminuindo pela puberdade. Esses processos podem ser profundamente alterados, no organismo, pelas circunstâncias. Além disso, tem sido mostrado que o processo cerebral, presente no nascimento, degenerará se a estimulação necessária para ativá-lo for negada. Ele aparece como uma estrutura proporcionada pela contribuição genética e, se não for usado, irá desaparecer, mas será capaz de um posterior desenvolvimento caso seja fornecida uma estimulação efetiva.

Uma pesquisa pioneira sobre o efeito de um meio enriquecido no desenvolvimento do cérebro foi feita pela cientista Marian Diamond e seus colegas, no início da década de 1960. Eles estudaram lâminas do cérebro de Albert Einstein, pois desejavam investigar se havia diferenças que explicassem sua genialidade matemática. Por meio de exames de amostras retiradas da parte onde se processava o pensamento lógico-matemático, verificaram a existência de mais células auxiliares da neuróglia do que na maioria das pessoas, concluindo, assim, que Einstein possuía mais conexões sinápticas (Barrett, 1992).

MITO – A SUPERDOTAÇÃO É INTEIRAMENTE INATA

O senso comum comanda a ideia de que a superdotação é uma característica inteiramente inata. É uma afirmação que ignora a grande influência de fatores externos para o desenvolvimento de aptidões e capacidades humanas. (Winner, 1998)

Uma pesquisa de Diamond, publicada em 1998, mostra, conclusivamente, que as experiências em tenra idade podem alterar a estrutura física do cérebro – em particular o estímulo intelectual, que atua como exercício para o aumento da densidade do córtex (Diamond, 2005).

Esses estudos despertaram a pesquisa da plasticidade cortical – conceito de que a estrutura cerebral pode ser alterada por influência de estimulação correta. Continuando a investigação sobre a natureza dos estímulos, ela provou que o cérebro pode aprimorar-se sempre. Em recente entrevista, Diamond comenta como o meio influencia o desenvolvimento socioemocional da criança e reforça dizendo que "não está nos recursos financeiros a condição para criar uma atmosfera que encante as mentes para se desenvolver. É somente a informação, imaginação, motivação e esforço. Uma vez que o hábito do envolvimento ativo se instala, a experiência irá comandar e aquelas mentes estimuladas farão o resto, de forma surpreendente e prazerosa" (Diamond, 2005, tradução nossa).

Os resultados dessas investigações têm comprovado que os indivíduos muito inteligentes e os superdotados são biologicamente diferentes – sua estrutura cerebral dispõe de maior número de células gliais e conexões sinápticas, resultado da interação favorável entre padrões genéticos e oportunidades proporcionadas pelo meio. Diferem da média não apenas pela produção ou pelas conquistas acadêmicas, mas pelas características herdadas e por saberem utilizar e desenvolver a maravilhosa e complexa estrutura formada até o nascimento (Clark, 1992).

O processo de aprendizagem pode ser melhorado, quando há ampliação da rede neuronal e aumento da velocidade na transmissão dos impulsos. Da mesma forma, as alterações na metodologia do ensino – fator de estímulo e enriquecimento – podem incentivar o crescimento das ramificações dos dendritos, a complexidade nas conexões entre os neurônios e a formação de mais células gliais. São diferenças mensuráveis nos cérebros que mostram desenvolvimento avançado e acelerado.

1.3 A organização do cérebro

O que nosso cérebro faz quando estamos dormindo?
Por que sonhamos e o que acontece em nosso cérebro quando sonho?
Como podemos desligar nosso cérebro para ele parar de pensar?
Como o cérebro guarda o que aprendemos? Onde ele guarda?
Se nós aprendermos muita coisa, ainda sobra lugar para guardar?

O cérebro humano é organizado segundo quatro sistemas maiores, com diferenças radicais de estrutura e de química.

Para o enfoque educacional, essa organização apresenta aspectos significativos, uma vez que dois dos quatro sistemas cerebrais não possuem rede de comunicação verbal. Sendo a integração total das funções cerebrais a base para a inteligência, sua avaliação por testes que tenham como medida principal a comunicação verbal será muito limitada.

Na área mais interna do cérebro, localiza-se o **sistema autônomo**, ligado ao controle da vida vegetativa. Esse sistema isenta o processamento consciente dos movimentos automáticos do organismo, tais como a respiração ou as batidas do coração. Nele se encontra a ligação neurológica para muitos centros cerebrais superiores, e nessa área está a formação reticular, em essência, a base física das percepções, desempenhando o importante papel de manter o indivíduo acordado e alerta.

O segundo sistema, conhecido como **sistema límbico** ou mente emocional, contribui significativamente para o processo de aprendizagem, pois nessa parte estão os sistemas bioquímicos ativados pelas emoções e as interações que aumentam ou inibem a memorização. Esse sistema influencia diversas reações de ansiedade, cólera e atenção. Os sentimentos de identidade pessoal dependem dessa parte do cérebro para combinar as experiências internas e externas, provendo informações da realidade para construir um possível modelo de mundo. Esse sistema é frequentemente citado como a porta de entrada para o pensamento superior.

O terceiro sistema, conhecido como **neocórtex**, utiliza a maior parte da massa cerebral, abrigando os dois anteriores. Nele são processados os dados sensoriais, a tomada de decisões, o início e o controle das ações. O neocórtex é utilizado para a linguagem e a comunicação; exerce a mais dominante das funções, envolvendo recepção, reserva e resgate de informações.

O setor considerado por alguns autores como um quarto sistema – **o córtex pré-frontal** – é a região mais desenvolvida e evoluída do neocórtex. De formação completamente diferente, "essa região está apenas esboçada em certos vertebrados, tem representação modesta nos símios e apresenta desenvolvimento exuberante no homem" (Sanvito, 1991). Esse setor pode ser considerado como uma formação específica do ser humano e provisiona procedimentos associados com planejamento, organização, criação, percepção, empatia, introspecção e demais alicerces para o pensamento intuitivo. Essa área energiza e regula as outras, sendo a sede das intenções e propósitos e da formulação de programas de ação que concretizem essas intenções (Sanvito, 1991).

Vendo por essa perspectiva, deparamo-nos com quatro cérebros diferentes em um. Criar oportunidades para a efetiva operacionalização desse cérebro total é a responsabilidade de educadores e pais (Clark, 1992).

1.4   Os hemisférios do cérebro

> "Sou canhoto, e isso era motivo de alguns aborrecimentos. Agora estou melhor com o que sou, pois aprendi que:
> - Canhotos desenham melhor em 3D;
> - Canhotos são melhores em matemática;
> - Canhotos conseguem lembrar melhor;
> - Têm mais chances de se recuperar de 'derrames ou danos cerebrais';
> - É mais provável que canhotos sejam artistas, arquitetos, músicos, engenheiros ou atletas."

Outro aspecto sobre a organização do cérebro que pode auxiliar o entendimento sobre a aprendizagem e o desenvolvimento da inteligência é estarmos cientes da assimetria existente entre os hemisférios cerebrais. Cada hemisfério é especializado em certo tipo de modalidade funcional, como mostram as pesquisas científicas. A identificação dessa especialização e a constatação de sua importância alertam para a necessidade de diferentes tipos de experiências educacionais, se quisermos utilizar todo o potencial que possuímos.

Um dos maiores estudiosos da especialização dos hemisférios cerebrais, Roger Sperry, salienta nas pesquisas de sua equipe que, embora distintas, essas funções não são exclusivas, mas pode-se considerar cada hemisfério como especialista em suas funções (Andrade, 1990).

O cérebro humano consegue compatibilizar, em seu funcionamento, duas modalidades até certo ponto inconciliáveis: **especialização** e **generalização**. Ainda que a organização cerebral combine especialização e não especialização, localização e não localização, esse órgão tem a incrível capacidade de integrar todas as informações processadas, mesmo que seus hemisférios não sejam funcionalmente equivalentes (Sanvito, 1991).

O hemisfério esquerdo, nas pessoas destras e na maior parte das canhotas, é predominantemente objetivo, analítico, linear, preciso, lógico; lida com problemas abstratos e processa as informações de modo sequencial. Já o hemisfério direito, responsável pela orientação espacial, é criativo, artístico, global, simbólico, mais intuitivo e emocional; lida com problemas concretos, processa informações de modo analógico. Em suma, o cérebro esquerdo é analítico e o direito é sintético.

Ressalta-se, também, que a especialização hemisférica está relacionada com a dominância manual, significando que os destros processam as informações verbais no hemisfério esquerdo. Esse resultado é mais complexo e menos definido nos canhotos e nos indivíduos com graus variáveis de ambidestrismo, pois se percebe que processam informações verbais em ambos os hemisférios.

Com a pesquisa sistemática das potencialidades do hemisfério direito, os especialistas têm constatado que os canhotos possuem mais aptidão para atividades artísticas, esportivas e matemáticas e, em certas profissões, são significativamente numerosos. Utilizando a ressonância magnética nuclear para o estudo morfológico do cérebro, observou-se que o corpo caloso dos canhotos é mais desenvolvido que o dos destros. E, portanto, com a existência de mais fibras unindo os dois hemisférios, há maior tráfego de informações entre eles e a superioridade para certas atividades é resultante de melhor funcionamento bi-hemisférico.

Em nosso cérebro, o corpo caloso intacto permite a comunicação entre os hemisférios, facilitando a memória e o aprendizado. É o mediador que faz com que os hemisférios, embora tenham seu modo próprio de assimilação da realidade e interpretação de estímulos, possam trabalhar em conjunto, assumindo parte das tarefas relativas à sua modalidade de processar as informações. Algumas vezes, cada metade do cérebro pode funcionar separadamente, uma sendo mais dominante do que a outra ou cada uma mantendo conhecimentos próprios. Com os estudos sobre a plasticidade cortical, já se torna possível constatar, também, que em certos casos uma das metades do cérebro pode tentar ampliar conexões para assumir algumas funções do outro hemisfério.

Temos, então, um cérebro dotado de duas maneiras de saber, que podem ser comparadas nas características de cada hemisfério, com suas modalidades específicas (Edwards, 2000).

Quadro 1 – Modalidades funcionais dos hemisférios

Modalidade esquerda	Modalidade direita
Verbal – Usa palavras para designar, descrever, definir.	**Não verbal** – Percebe as coisas com um mínimo de conexões com palavras.
Analítico – Concebe as coisas passo a passo, componente por componente.	**Sintética** – Agrupa elementos para formar um todo.
Simbólica – Usa símbolos para representar coisas, como desenhos ou sinais.	**Concreta** – Concebe cada coisa como ela é no momento.
Abstrata – Seleciona uma pequena parte das informações e a usa para representar o todo.	**Analógica** – Vê as semelhanças entre elementos; compreende relações metafóricas.

(continua)

(Quadro 1 – conclusão)

Modalidade esquerda	Modalidade direita
Temporal – Marca o tempo colocando elementos em sequência. Segue ordenação em suas ações.	**Não temporal** – Não tem senso de tempo, sequência ou ordem de elementos.
Racional – Tira conclusões baseadas na razão e nos fatos, utilizando dados para formar opinião.	**Não racional** – Não precisa se basear na razão ou nos fatos; não se apressa para formar julgamentos ou opiniões.
Digital – Usa números, como no ato de contar coisas.	**Espacial** – Vê como as coisas se situam em relação a outras e como as partes se unem para formar o todo.
Lógica – Tira conclusões baseadas na lógica: um elemento segue outro em ordem lógica.	**Intuitiva** – Assimila as informações "aos saltos", muitas vezes à base de amostras incompletas, palpites, pressentimentos ou imagens visuais.
Linear – Pensa em termos de ideias concatenadas, um pensamento se seguindo diretamente a outro e quase sempre levando a uma conclusão convergente.	**Holística** – Apreende as coisas integralmente, de uma só vez; percebe configurações e estruturas globais, o que muitas vezes o leva a conclusões divergentes.

Fonte: EDWARDS, 2000.

A nossa mente organiza as informações vindas do ambiente mediante uma internalização do mundo espacial. A maior habilidade em processar informações visuoespaciais (pelo estímulo visual e pela percepção do espaço) é especialização do cérebro direito, e a partir dali é que vai sendo construído um mapa cognitivo do mundo, com as experiências do dia a dia.

Entretanto, as escolas quase sempre direcionam sua prática para a aprendizagem analítico-cognitiva do hemisfério esquerdo, enquanto desvalorizam ou até suprimem qualquer utilização da cognição mais global, especialidade do hemisfério direito (Clark, 1992). Como é recente o entendimento de que o ser humano possui enormes potencialidades não utilizadas, o sistema educacional, normalmente partindo da premissa de que inteligência não se ensina, vem arcando, como resultado, com as dificuldades desse conceito equivocado.

A inteligência é potencialidade e, portanto, habilidade que se desenvolve. "A inteligência não é hereditária; não é inata. O que é inata é a faculdade, a aptidão, a capacidade que permite a qualquer ser humano normal chegar a ser inteligente" (Andrade, 1990, p. 14).

MITO – SUPERDOTAÇÃO É UM FENÔMENO RARO: POUCAS CRIANÇAS E JOVENS PODEM SER CONSIDERADOS SUPERDOTADOS

Os superdotados estão em toda parte, convivendo e "sobrevivendo" no nosso cotidiano, mas o que pode ser salientado é que, se realmente as condições forem inadequadas, dificilmente o indivíduo com um maior potencial poderá desenvolvê-lo. Assim, da mesma forma que uma boa semente necessita de condições adequadas de solo, luz e umidade para desenvolver-se, também o aluno com altas habilidades/superdotado precisa de um ambiente adequado, estimulador e rico em experiências. (Brasil, 2002)

RELACIONANDO A TEORIA COM A PRÁTICA

O corpo caloso, com seu grande número de fibras nervosas e papel estratégico de conector entre os dois hemisférios do cérebro, é alvo de muitos estudos da neurofisiologia. Sempre foi considerado uma estrutura importante e quase intocável.

O estudo dos resultados de uma cirurgia radical, feita como último recurso para pacientes afetados por ataques de epilepsia severa que se submeteram à separação das duas metades do cérebro pelo corte do corpo caloso, foi decisivo para esclarecer a especialização dos hemisférios. Apesar da aparente mutilação que a cirurgia poderia produzir, os ataques foram controlados e os pacientes não foram afetados na aparência externa, na coordenação motora e no comportamento diário.

Estudando os resultados e consequências desse procedimento, os cientistas puderam entender como cada hemisfério processa as informações independentemente. Nos pacientes de cérebro bipartido a interpretação de alguns estímulos mostrou alterações, pois cada hemisfério percebe a realidade separadamente, de acordo com sua modalidade de processamento. Palavras apresentadas para o paciente longe de seu campo visual esquerdo não podiam ser lidas (alexia – perda patológica da capacidade de apreender o significado da palavra escrita) e objetos escondidos na mão esquerda do paciente, comandada pelo hemisfério direito, não podiam ser nomeados (anomia – perda da capacidade de dizer o nome de objetos).

Surgiram mais indícios de que o modo de funcionamento do hemisfério esquerdo é verbal, analítico e muito complexo. O hemisfério direito é não verbal, global, tem processamento rápido, configuracional, complexo, espacial e perceptivo. Os estudos levaram à conclusão de que ambos os hemisférios envolvem o funcionamento cognitivo superior, sendo que cada um deles é especializado em modalidades de pensamento e raciocínio altamente complexas.

PREFERÊNCIAS PARA APRENDER E ESTUDAR

As funções específicas dos hemisférios cerebrais determinam, também, o nosso estilo de aprender e de pensar, conforme a predominância na utilização de cada hemisfério. Normalmente, as pessoas não se dão conta de que suas preferências para estudar ou facilidades para aprender estão ligadas à maneira como acessam seu cérebro.

Essa informação pode ser uma contribuição importante para os professores. É imprescindível ter em mente que, quando ensinam, usam o estilo determinado por seu hemisfério dominante mas na sala de aula há alunos que podem ter estilos de aprendizagem completamente opostos.

O que acontecerá com um aluno cérebro direito, em uma classe em que os conteúdos são ministrados por um professor cérebro esquerdo? O professor deseja técnicas de aprendizagem organizadas, lógicas e verbais; o aluno prefere métodos intuitivos, visuais e abertos para melhor aprendizagem.

No quadro a seguir, podemos identificar o nosso hemisfério dominante, analisando as informações sobre maneiras prediletas de estudar e aprender.

Quadro 2 – Estilos de aprendizagem relacionados com a especialização dos hemisférios

Hemisfério esquerdo	Hemisfério direito
Prefere as explicações verbais.	Prefere as explanações visuais.
Usa a linguagem para memorizar.	Usa as imagens para memorizar.
Processa as informações sequencialmente.	Processa informações de forma ampla.
Produz ideias logicamente.	Produz ideias usando a intuição.
Prefere as tarefas de pensamento concreto.	Prefere as tarefas de pensamento abstrato.
Trata uma coisa de cada vez.	Trata muitas coisas ao mesmo tempo.
Prefere analisar os conteúdos e as atividades.	Prefere sintetizar os conteúdos e atividades.
Trabalha com materiais apropriados.	Improvisa com materiais disponíveis.
Gosta de experiências estruturadas.	Gosta de experiências abertas, instáveis.
Prefere aprender com fatos e detalhes.	Prefere ter uma visão geral dos fatos.
Aborda os problemas seriamente.	Aborda problemas jocosamente.

Fonte: WEBB; MECKSTROTH; TOLAN, 1995, tradução nossa.

1.5 Integração das funções dos hemisférios do cérebro

> Avaliação da atividade cerebral mostra que dos 6 aos 12 meses o córtex pré-frontal da criança, sede do planejamento e da lógica, forma sinapses em tal proporção que consome duas vezes mais energia do que o cérebro adulto. Esse ritmo furioso continua durante a primeira década de vida da criança (Brain Facts, 2008, tradução nossa).

Embora os hemisférios cerebrais sejam capazes de especializações, a total integração do seu uso é que irá permitir um desempenho extraordinário. Portanto, devemos considerar não apenas a especialização dos hemisférios, mas também a evidência da interação e apoio que existe entre eles, pois há mais conexões nervosas entre os hemisférios, feitas por meio do corpo caloso, do que entre o cérebro e o resto do corpo.

Para utilizar e ampliar efetivamente o potencial latente, é necessário desenvolver as várias funções cerebrais e ter oportunidades de interagir com experiências positivas de aprendizagem. Se o enfoque continuar direcionado para as funções cognitivas racionais do cérebro, paradoxalmente, limitaremos muito essas funções. Sem a ajuda do hemisfério direito bem desenvolvido, o crescimento do esquerdo será inibido.

Apesar de já haver, por parte dos educadores, uma maior abertura para o entendimento da importância da criatividade e da intuição, os sistemas escolares, em sua maioria, têm sua estrutura delineada em torno da modalidade específica do hemisfério esquerdo. Os principais conteúdos estudados são verbais e numéricos, o ensino é sequencial e ordenado, as séries e as avaliações obedecem a uma determinada numeração e os alunos, desde cedo, vão internalizando essa organização. O hemisfério direito, com a característica de artístico, criativo, amplo e perceptivo, não tem, na educação escolar, espaço para seu desenvolvimento. Estamos desperdiçando muito do potencial de nossos alunos.

Em muitas atividades, tanto físicas quanto mentais, as pessoas precisam que ambos os hemisférios funcionem amplamente integrados, permitindo, por exemplo, a compreensão dos cálculos e do conceito matemático; a estrutura e a melodia da música; a sintaxe e a poesia da linguagem (Clark, 1992).

O hemisfério direito, considerado como mais criativo e emocional e citado como responsável apenas por atividades mais artísticas, mostra, na maioria das situações, que trabalha em conjunto com o esquerdo, racional e burocrata, dividindo funções, integrando correntes de pensamento em total cooperação. A respeito desse mecanismo, Barrett (1992) esclarece:

- quando cantamos uma canção, o hemisfério direito mantém o senso da melodia e do ritmo, enquanto o esquerdo fornece palavras e opera o aparato vocal;
- ao escrevermos um trabalho artístico, iniciamos por criar e imaginar (hemisfério direito), mas, tão logo começamos a redigir, o hemisfério esquerdo traz sua colaboração; e
- para resolver um problema, o hemisfério esquerdo coopera com o raciocínio dedutivo, enquanto o direito contribui com a intuição e a percepção.

No momento, ainda não é possível avaliarmos a totalidade das habilidades humanas e em que extensão podem ser ampliadas com o uso harmonioso de ambos os lados do cérebro. Parece, então, que, ao reconhecermos talentos em determinadas áreas e não em outras, o que realmente percebemos são habilidades desenvolvidas com sucesso e as que ainda estão adormecidas, mas que, com a correta estimulação, poderão chegar a florescer.

O conhecimento do desenvolvimento biológico mostra a possibilidade do crescimento avançado e integrado dos fundamentos das funções humanas, as quais são também consideradas como as maiores funções do cérebro: cognitiva, afetiva, percepção física e intuitiva. O conceito de inteligência e, também, de superdotação não estará por muito tempo confinado apenas à cognição, pois precisa incluir todas as funções cerebrais e seu uso integrado e eficiente. Assim, a inteligência poderá ser vista como um agregado do funcionamento cognitivo, afetivo, intuitivo e físico do indivíduo (Clark, 1992).

Para melhor compreensão, lembramos que o homem é geneticamente preparado para falar, mas não nasce falando. Essa possibilidade é recebida hereditariamente e desenvolvida a partir dos estímulos externos que ocorrerem. Da mesma forma, o que evidencia a inteligência são as faculdades desenvolvidas e a mobilização de reservas, normalmente não utilizadas, na estrutura e nas funções do cérebro, do intelecto e da mente. A ideia de que a inteligência humana está localizada somente no cérebro, aos poucos, vem sendo substituída, e a estrutura responsável por essa maravilhosa capacidade deve ser entendida em seus aspectos funcionais:

- cérebro – elemento anatômico, principal órgão físico do pensamento racional, da inteligência;
- intelecto – abrange o conjunto de sistemas, é propiciado pela estrutura neuronal do sistema nervoso que torna possível o processo cognitivo, especialmente no seu aspecto racional;
- mente – é um complexo de atividades perceptivas, ideativas, imaginativas, associativas, discriminatórias; é a essência da capacidade de pensar. (Sabatella, 1995)

Capítulo 2

2 Inteligência

A inteligência é um dos temas que mais têm instigado a pesquisa e despertado constante interesse. Cada sociedade tem o seu ideal de ser humano e cada cultura determina os aspectos que são valorizados naquele contexto para a concepção do indivíduo inteligente.

O entendimento da superdotação e das características frequentemente apresentadas pelos indivíduos que possuem um expressivo potencial requer uma breve passagem pelo universo das novas tendências a respeito da inteligência.

As ciências que tratam do cérebro têm, atualmente, um grande dinamismo, pois muito se tem descoberto a respeito do funcionamento e desenvolvimento do sistema nervoso. O constante aperfeiçoamento dos recursos técnicos e a velocidade com que estão evoluindo fornecem instrumentos mais precisos para monitorar os processos corticais em tempo real, trazendo comprovações que vêm a confirmar o sentido geral da inteligência como um fenômeno múltiplo.

A pesquisa da neurociência já aceita o cérebro como um órgão altamente diferenciado, com capacidades ligadas a redes neurais específicas. Por essa perspectiva, faz muito mais sentido pensar no cérebro como um órgão que abriga um número indefinido de capacidades intelectuais, cujas relações precisam ser elucidadas; entendendo, também, que a mente humana, refletindo a estrutura cerebral, compõe-se de muitos módulos e faculdades (Gardner, 2000).

Os estudiosos sempre se deparam com o desafio de tentar uma definição para a inteligência, especialmente quando se trata da inteligência humana.

O interesse pelo estudo da inteligência, inicialmente, esteve centrado apenas em sua avaliação e possibilidades de mensuração. O enfoque no contexto escolar teve uma amplitude que atualmente pode ser explicada pela constante necessidade da informação e do conhecimento, na tentativa de acompanhar a rapidez dos avanços científico e tecnológico.

Na procura de um conceito, o que se percebe é que inteligência normalmente é mais fácil de reconhecer do que de definir.

Dentre as primeiras conceituações, a que ficou famosa, assim como desgastada, foi a declaração do eminente psicólogo Boring (1923, p. 35, tradução nossa), quando disse "Inteligência é o que o teste testa". Então, por um longo período houve mais preocupação em medir a inteligência do que conceituá-la.

Ao longo do tempo, muitos conceitos foram sendo propostos e evoluindo para ideias mais amplas que pudessem abranger os vários aspectos de nossa inteligência. Percebemos que, gradativamente, têm sido aperfeiçoados, entre eles:

- a habilidade de saber aplicar aquilo que foi aprendido;
- a habilidade de utilizar o que foi aprendido para resolver problemas;
- a habilidade de julgar bem, compreender bem e argumentar bem.

Atualmente, há um consenso maior de que a habilidade de pensar e raciocinar é que nos distingue dos outros animais e nos torna especiais. Uma das definições mais completas e aceitas diz que "inteligência é o resultado de todas as funções do cérebro humano; a combinação da energia física, emocional, mental e espiritual" (Barrett, 1992, p. 24, tradução nossa).

A tendência mais recente é considerar que a inteligência, quando expressa em habilidades cognitivas tais como a capacidade de generalizar, conceituar e raciocinar abstratamente ou, então, por habilidades acadêmicas específicas, liderança, comportamento artístico e criativo, é a resultante da interação entre fatores hereditários e adquiridos. Essa interação ocorre entre as características físicas, mentais e emocionais do indivíduo e as do meio ambiente, incluindo outros indivíduos, eventos e experiências presentes em sua vivência. É uma combinação de contínuo dinamismo que tem a possibilidade de ser alterada.

Podemos considerar a inteligência como um fenômeno pluralístico, resultante da combinação, desenvolvimento e inter-relação de todas as funções do cérebro humano e que pode ser ampliada ou inibida pela interação entre os padrões genéticos herdados e as oportunidades proporcionadas pelo meio (Sabatella, 1995).

RELACIONANDO A TEORIA COM A PRÁTICA

Como as crianças entendem a inteligência?

Um estudo com mais de 450 crianças mostra-nos algumas de suas definições:

- *"Eu penso que inteligência é ter um alto nível na maneira de pensar, e isso pode acontecer em qualquer idade. Criatividade é a maior parte disso." (10 anos)*
- *"Ser capaz de entender você mesmo." (13 anos)*
- *"É ser capaz de aprender, entender e aplicar uma teoria ou uma ideia." (14 anos)*
- *"Inteligência é pensar duramente." (9 anos)*
- *"Todas as pessoas têm inteligência. Só depende de como você a usa." (9 anos)*
- *"Eu acho que significa ser esperto e pensar em outras maneiras de fazer as coisas." (10 anos)*
- *"Inteligência é uma coisa que pode pensar por ela mesma." (8 anos)*
- *"É ser bom em raciocinar e ter uma imaginação criativa." (10 anos)*

- *"Inteligência é a habilidade de usar o que você tem no andar de cima."*
  (13 anos)
- *"Inteligência é alguma coisa parecida comigo." (12 anos)*

Fonte: BARRETT, 1992, tradução nossa.

2.1 As tentativas de medir a inteligência

> Uma dedicada médica cardiologista, mãe de uma criança de três anos, passa muito de seu tempo em centros cirúrgicos ou visitando pacientes na UTI. Em um de seus difíceis dias de cirurgia, ao verificar uma chamada telefônica, teve a surpresa de ver seu celular programado em árabe. E não conseguiu alterar até voltar para casa e apelar para a ajuda do pequeno autor da "proeza".

A primeira referência aos testes de inteligência aparece na China, no século V, mas eles somente começaram ser sistematizados e aplicados cientificamente na França, no século XX. Curiosamente o que influenciou as primeiras pesquisas sobre o assunto foi o livro *A origem das espécies*, de Charles Darwin. A teoria de que o processo evolutivo decorria de uma seleção natural foi suficiente para que o cientista britânico Sir Francis Galton, primo de Darwin e um dos pioneiros da avaliação psicológica moderna, começasse a investigar a inteligência e as diferenças de habilidade mental nos indivíduos. Inicialmente, Galton comparou pessoas com base em seus julgamentos e realizações e, convencido de que a inteligência era herdada, continuou seus estudos avaliando as diferenças de resultados em tempo de reação e no domínio e especificidade dos sentidos (como capacidade de distinguir diferenças no peso de objetos, volume dos sons, brilho da luz). Apesar da tentativa de aferição incluir aspectos que não alcançaram o resultado que ele pretendia, sua visão sobre a possibilidade de atingir seu objetivo comparando resultados estava correta.

A elaboração do primeiro teste de inteligência é atribuída a Alfred Binet, pedagogo e psicólogo francês, estudioso da educação e do desenvolvimento infantil. Em 1905, a pedido do governo da França, na tentativa de verificar crianças com atraso mental nas escolas públicas de Paris e prever quais delas poderiam ter dificuldades com a educação formal, ele e seu colega Théodore Simon criaram a Escala de Binet-Simon para identificar esses estudantes e iniciaram o estudo de fatores relevantes para essa avaliação. Binet aplicou centenas de questionários abordando, também, os aspectos sensoriais, mas logo percebeu melhores possibilidades de previsão quando as perguntas foram direcionadas para os assuntos acadêmicos. Supondo que todas as crianças seguem um padrão de crescimento, mas se desenvolvem em velocidades diferentes, ele chegou ao conceito de idade mental. Sem ter pleno conhecimento da extensão alcançada por seus estudos, Binet esquematizou os primeiros testes de inteligência, no início do século passado.

Surpreendentemente, desde essa época, os testes de inteligência são elaborados com elementos que avaliam, principalmente, a memória e o raciocínio verbal, o raciocínio numérico, a análise de sequências lógicas e a habilidade de solucionar situações do dia a dia.

Em 1912, o psicólogo alemão Wilhelm Stern desenvolveu um cálculo matemático para avaliar o nível mental de uma pessoa, o que mais tarde veio a chamar de quociente de inteligência (QI). Stern introduziu os conceitos de idade mental e idade cronológica e propôs que o QI fosse determinado pelo resultado da divisão entre a idade mental e a idade cronológica. Dessa forma, se uma criança apresentasse um nível mental de 9 anos e tivesse a idade cronológica de 10 anos, teria um QI equivalente a 0,9.

Em 1916, para eliminar o valor decimal do resultado, o psicólogo Lewis Madison Terman propôs que esse número do QI fosse multiplicado por 100. Com sua fórmula, a criança do exemplo anterior teria um QI = 90.

O teste de Binet, aplicado individualmente, foi levado para os Estados Unidos pouco tempo depois. Os estudiosos americanos, liderados por Terman, da Universidade de Stanford fizeram sua adaptação, estabelecendo novos padrões de habilidade média para cada idade e para o uso com adultos, até hoje conhecido e amplamente usado como **Escala de Inteligência Stanford-Binet**.

O teste evoluiu para modelos escritos, com instruções e normas específicas, facilmente aplicáveis em grupo. Com esse recurso, os indivíduos podiam ser testados em condições uniformes, assim como a comparação dos resultados podia ser feita. Na aplicação desse modelo, alguns grupos foram motivo de especial interesse, como os recrutas do exército (testados com versões para alfabetizados e analfabetos), supostos gênios, débeis mentais, grupos raciais, étnicos e imigrantes, até que, após 1920, a prática de aplicar testes de inteligência, com objetivos educacionais, se instalou nos Estados Unidos e na Europa. A maior contribuição dos estudos longitudinais de Terman – que continuam sendo feitos até hoje – foi ajudar centenas de crianças talentosas e superdotadas e mostrar para a América que "é correto ser inteligente" (Leslie, 2000, tradução nossa).

A Escala de Inteligência Stanford-Binet sofreu muitas críticas, especialmente pelos possíveis preconceitos culturais observados nas perguntas, bem como pelos riscos de superficialidade ao avaliar um indivíduo usando um único e rápido instrumento. Muitas das questões levantadas na época ainda suscitam dúvidas sobre a validade dessa aferição, mas, mesmo assim, os psicometristas continuaram defendendo esses instrumentos, que ganharam espaço em escolas, empresas, agências de empregos e consultórios, para a sua aplicação. Entretanto, eles falham na compreensão de que os testes não avaliam as habilidades básicas do ser humano e medem somente capacidades não treinadas ou não desenvolvidas na **performance** de um indivíduo.

Embora essas contribuições tenham revolucionado a pesquisa durante décadas, os testes de inteligência têm sido considerados como recurso técnico para auxiliar o preenchimento de vagas ou a escolha profissional, sem trazer expressivos avanços no entendimento ou conceituação da inteligência (Gardner, 2000).

RELACIONANDO A TEORIA COM A PRÁTICA

Apresentamos a seguir uma recente e importante descoberta a respeito do funcionamento do cérebro, inicialmente publicada no jornal britânico The Independent, *em 30 de janeiro de 2008, e publicada pela Folha de São Paulo em 02 de fevereiro de 2008.*

"Cientistas que realizaram uma cirurgia cerebral experimental em um homem de 50 anos tropeçaram com um mecanismo que pode revelar como a memória opera. [...] Eletrodos foram inseridos no cérebro do paciente e então ligados. Em lugar de perder seu apetite, o paciente viveu uma intensa experiência de "déjà vu". Ele se recordou, em detalhes, de uma cena ocorrida 30 anos antes. Outros testes revelaram que sua capacidade de aprender teve uma melhora dramática quando a corrente foi ligada, e seu cérebro, estimulado".

Essa incrível descoberta está agora sendo aplicada, em caráter de teste, em pacientes de Alzheimer, que recebem uma espécie de "marca-passo cerebral". Trata-se de um recurso que promete ser de grande valia, de acordo com Andrés Lozano, neurocirurgião. A façanha teve origem em uma cirurgia para tratamento de obesidade, em que uma intervenção cerebral era o único recurso viável.

Fonte: Elaborado com base em DESCOBERTA..., 2008.

2.1.1 Os desafios a um simples escore

> O que essas quatro coisas têm em comum: queijo; Coca-Cola; penicilina; bloco de Post-It. Todas elas foram inventadas ou descobertas por erro.

Descobertas e invenções quase sempre partem de muitas tentativas, análise de amostragens, enganos e, provavelmente, de muita persistência ou inconformismo com afirmações que não são inteiramente convincentes.

Por volta de 1930, o psicólogo Thurstone, da Universidade de Chicago, desafiou o conceito do escore para medir a inteligência. Apesar de aceitar que o resultado de QI podia predizer a competência acadêmica verbal, ele declarou que esse resultado é falho para verificar o sucesso em outros aspectos menos acadêmicos ou verbais. Separou a inteligência em sete segmentos que chamou de *habilidades mentais primárias*: compreensão verbal, fluência de vocabulário, facilidade numérica, visualização espacial, memória associativa, rapidez de percepção e raciocínio. Ele percebeu que a pontuação do instrumento desenvolvido por Terman omitia esses aspectos independentes da inteligência.

Um grande avanço nessa área foi alcançado com o trabalho do epistemólogo suíço Jean Piaget, que dedicou grande parte de suas pesquisas a estudos sobre a inteligência e delineou um enfoque diferenciado em relação aos seus contemporâneos. Iniciou sua carreira trabalhando no laboratório de pesquisas sobre a inteligência de Simon (programa Binet-Simon), começando a vislumbrar outras possibilidades para esse tipo de estudo: em meio à tradição da aplicação dos testes de QI, Piaget introduziu uma concepção do intelecto que, em alguns campos da pesquisa, substituiu a tendência de medir a inteligência. Tornou-se particularmente interessado nos erros das crianças ao tentarem resolver itens dos testes intelectuais e concluiu que o mais importante não é a precisão da resposta, mas as linhas de raciocínio percorridas (Piaget, 1983).

Uma das teses de Piaget é de que as estruturas cognitivas e perceptivas são construídas sobre a mesma base: a ação do sujeito. É ela que vai gerar no indivíduo os princípios das estruturas cognitivas básicas. Ele procurou definir a inteligência enfocando o ponto de vista tanto funcional como estrutural. Pelo aspecto funcional, uma ação é tanto mais inteligente quanto mais difíceis e complexos forem os padrões da relação entre o organismo e o meio (Piaget, 1983). A ação é gerada por necessidades de ordem interna ou externa, normalmente em presença de situações novas. Nas palavras do próprio Piaget, "a inteligência é, por definição, a adaptação às situações novas e é, então, uma construção contínua das estruturas" (Bringuier, 1978, p. 28). Esse pesquisador, portanto, expõe uma das primeiras teorias interativas da inteligência, influenciando a teoria e a prática educacional em grau sem precedentes.

J. P. Guilford, reconhecido internacionalmente como um dos psicólogos que mais estudou a questão da inteligência, ampliou as ideias de Thurstone. De acordo com a teoria sobre a estrutura do intelecto de Guilford, a atuação do indivíduo em testes de inteligência pode ser avaliada por habilidades mentais básicas ou fatores de inteligência. Seu estudo inclui 180 habilidades mentais a serem investigadas. Ele concluiu que a inteligência do indivíduo é ímpar, única e apresenta uma variedade de pontos altos e baixos, em vez de um nível geral de habilidade em todas as áreas (como determina a simples pontuação do QI). Apesar de o instrumento de avaliação elaborado por ele ser difícil de aplicar, medir e interpretar, seu trabalho demonstrou claramente a natureza complexa do intelecto humano e trouxe a questão da confiabilidade do Stanford-Binet ou dos testes de QI, que medem a inteligência como um elemento quantificável.

Em 1979, J. P. Guilford publicou o livro *Way beyond the IQ (Muito além do QI)*, um guia para melhorar a inteligência e a criatividade e que quebrou um tabu conservado durante muito tempo por aqueles que julgavam impossível melhorar a inteligência e a criatividade através de exercícios, pois em seu livro ele busca o desenvolvimento da inteligência por intermédio das operações, dos conteúdos e dos produtos (e suas combinações) do intelecto (Andrade, 1990).

2.2 Expansão do conceito de inteligência

> Recebemos um *e-mail* de um pai:
> "O Rafael (5 anos) essa semana disse uma coisa que merecia entrar no teu livro. Ele anda entre tapas e beijos com o irmão Felipe (2 anos e meio) e não quer mais ser seu amigo. Aí, eu fui conversar com ele:
> — Rafa, os amigos vão e vem. O teu irmão vai ser teu amigo a vida toda. Ele é sangue do teu sangue!
> — Não é não, papai. Eu sou 'O' positivo e ele é 'O' negativo.
> Aí eu fui tentar explicar, a mãe interveio, tentou falar em DNA, mas desistimos e mudamos de assunto."

Durante a década de 1980, o conceito de inteligência expandiu-se, e as contribuições mais fascinantes estão associadas aos psicólogos Howard Gardner (1983) da Universidade de Harvard e Robert Sternberg (1984) da Universidade de Yale, que auxiliaram a criar um novo paradigma no entendimento da inteligência e, ao mesmo tempo, da superdotação.

Embora seus trabalhos não estejam direcionados exclusivamente à superdotação, proporcionam elementos para discussão a respeito da natureza multifacetada da inteligência e de seu funcionamento em uma variedade de domínios. A visão desses estudiosos, além de encorajar o reconhecimento da habilidade em muitas outras áreas, traz, também, um embasamento teórico e conceitual para compreender como essas habilidades podem se manifestar de modo autônomo (Smutny, 2003).

Segundo Howard Gardner (1983), o estudo que gerou a elaboração de seu livro *Frames of mind* (*Estruturas da mente*) é parte de um grande esforço, no qual muitos cientistas estão envolvidos, para pluralizar a noção de inteligência e demonstrar que a inteligência humana não pode ser adequadamente medida apenas por respostas curtas contidas em testes convencionais. Embora seja ainda remota a possibilidade de serem abandonados os testes de inteligência, Gardner (1983, tradução nossa) parte de uma premissa diferente, a de que "a inteligência é importante demais para ser deixada nas mãos daqueles que testam a inteligência".

Progressos futuros na teoria da inteligência dependem de melhores conceituações, métodos adequados de medida e ampliação da capacidade intelectual humana (Lazear, 1991). O autor acredita que "somente se nos expandirmos e reformularmos a visão sobre o que considerar como intelecto humano, seremos capazes de criar meios mais apropriados de assegurá-lo e meios mais efetivos de educá-lo" (Lazear, 1991, p. 4, tradução nossa).

Em sua teoria das inteligências múltiplas, Gardner, após pesquisar a constância de elementos indicadores da inteligência, estudados por seus predecessores, estabeleceu oito critérios que possibilitariam investigar as capacidades humanas. Listou, inicialmente, sete inteligências que melhor atendiam aos critérios determinados: linguística, lógico-matemática, espacial, corporal-cinestésica, musical, interpessoal e intrapessoal.

Gardner admite que a decisão de enumerar sete inteligências foi provisória, sem uma imposição lógica nem científica. As duas primeiras são as que têm sido valorizadas nas escolas; as outras três são usualmente associadas às artes; as duas finais são as que ele chama de *inteligências pessoais*.

O autor afirma ainda que todas as inteligências são autônomas e relativamente independentes, cada uma com sua linguagem própria, seus símbolos e processos, mas podem estar relacionadas; quando uma ou duas inteligências são especialmente predominantes, podem conduzir as escolhas pessoais para uma determinada direção, dizendo, também, que cada inteligência tem a própria história de vida: pode brotar e florescer por um tempo breve e, gradualmente, extinguir-se (Gardner, 1983).

Ao debater sobre as inteligências, Gardner expõe a eficácia de usar uma das inteligências que está bem desenvolvida como modo alternativo de aprendizagem e apoio para outras menos dominantes. Os tipos dominantes de inteligência podem ser observados nas habilidades dos indivíduos, na forma como direcionam suas escolhas e em suas competências profissionais.

As pesquisas subsequentes de Gardner e de seus colegas mostraram mais três competências com possibilidade de serem adicionadas: uma inteligência naturalista, uma inteligência espiritual e uma inteligência existencial. A inteligência naturalista, por apresentar, com mais clareza, os critérios que ele estabeleceu, já foi acrescentada à lista original das sete inteligências.

Em 2000, Howard Gardner (2000) explica a inclusão da inteligência naturalista dizendo "costumo apresentar a inteligência em termos de um estudo acabado – um padrão de comportamento socialmente reconhecido e valorizado que parece depender de uma capacidade intelectual específica". A relação das oito inteligências e suas especificidades, como atualmente é estudada, pode ser vista a seguir:

- Inteligência linguística – Envolve a sensibilidade para a língua falada e escrita e todo o complexo de possibilidades que ela proporciona, incluindo poesia, humor, metáforas, pensamento simbólico, analogias, conceitos, habilidade para aprender idiomas. É a capacidade de usar a linguagem para atingir certos objetivos, expressar e avaliar conceitos complexos, além de ler, escrever e interpretar textos. Advogados, locutores, escritores, poetas, jornalistas, oradores, contadores de histórias etc. estão entre as pessoas que têm grande domínio da linguagem.

- Inteligência lógico-matemática – Está associada ao pensamento científico ou raciocínio indutivo. Favorece o reconhecimento de padrões, como o trabalho com símbolos abstratos; o uso da lógica para analisar problemas, proposições e hipóteses; o processo de quantificar, deduzir, investigar, realizar operações matemáticas; discernir conexões entre elementos e informações. Aflora, principalmente, em cientistas, banqueiros, economistas, contadores, engenheiros, detetives, programadores de computador e matemáticos. Nas inteligências lógico-matemática e linguístico-verbal é que estão baseadas tanto a maior parte da educação ocidental como todas as formas dos testes padronizados de inteligência.

- Inteligência espacial – Responde pela capacidade de percepção visuoespacial que traz contribuições para a arte e para a ciência, em campos que requerem acuidade visual, memória e projeções em espaços amplos (essenciais para os navegadores e pilotos), bem como em áreas mais restritas, importantes em certos jogos, profissões e algumas formas de expressão artística. O sentido da visão, tanto externa como interna, permite que a pessoa perceba, recrie, transforme ou modifique imagens. É dominante em arquitetos, desenhistas, artistas gráficos, cartógrafos, desenhistas industriais, cenógrafos, cirurgiões, enxadristas, praticantes de games e jogos virtuais e, naturalmente, nos artistas plásticos.

- Inteligência corporal-cinestésica – Expressa-se na utilização do corpo para aprender, resolver problemas, planejar, fabricar produtos, assim como expressar emoções. Aprender fazendo é uma parte importante da educação. A mente associada ao uso do corpo permite o desempenho de certas atividades: andar de bicicleta, patins ou skate, digitar, estacionar um carro. Essa inteligência é preponderante em atletas, dançarinos, atores, mímicos, inventores; é importante, também, para artesãos, cirurgiões, cientistas, mecânicos e profissionais de orientação técnica.

- Inteligência musical – Responde aos sons, aprecia elementos musicais, reconhece ritmos, padrões tonais, composição, entoação e memorização de melodias. O efeito da música no cérebro é extraordinário para alteração dos sentimentos: acalma, estimula, ajuda a manter o ritmo nas atividades, inspira religiosidade e patriotismo. É, dentre as inteligências, a que mais facilmente pode ser ampliada e apoiar as demais. Presente nos compositores, maestros, instrumentistas, cantores, críticos musicais, publicitários (jingles), fabricantes e afinadores de instrumentos, bem como nos ouvintes sensíveis.

- Inteligência interpessoal – Denota a capacidade de perceber e entender intenções, mudanças, interesses e desejos do próximo. Proporciona habilidade para trabalhar em equipe e para a comunicação eficiente (verbal e não verbal). Nas formas mais avançadas, faz com que as pessoas consigam enxergar além do que é declarado, perceber intenções e desejos, bem como desenvolver empatia pelos sentimentos alheios. É altamente desenvolvida em vendedores, políticos, clínicos, líderes religiosos, conselheiros, terapeutas, assistentes sociais e professores.

- Inteligência intrapessoal – Revela uma percepção acurada de si mesmo e dos outros – incluindo desejos, medos, limites das reações emocionais, processos de pensamento, capacidades – usando essas informações para ter um modelo individual de trabalho eficiente, direcionar a vida, entender e guiar os outros. Algumas pessoas desenvolvem habilidades de autorreflexão, intuição a respeito das realidades espirituais, saindo de sua interioridade para olhar fatos como um observador externo. Manifesta em teólogos, psicólogos, filósofos, psicanalistas, conselheiros espirituais, gurus e pesquisadores estudiosos dos padrões cognitivos.

- Inteligência naturalista – Evidencia a capacidade de reconhecer e ordenar classes e sistemas, de entender os recursos naturais e do universo, conceitos, classificação das espécies, organização da vida e fases do processo evolutivo. O potencial naturalista existe também no talento para criar, domar ou interagir com criaturas vivas, colecionar ou cuidar de plantas. É dominante em pesquisadores, arqueólogos, ambientalistas, paisagistas, defensores da ecologia, biólogos e naturalistas.

A inteligência naturalista foi anexada facilmente, pelo fato de o seu teor estar mais definido do que as demais que estão sendo pesquisadas. A inteligência espiritual tem um cunho complexo, uma vez que as questões espirituais são controvertidas tanto nas ciências como no mundo acadêmico. A inteligência existencial parece estar em um estágio mais próximo de se enquadrar nos critérios inicialmente estabelecidos. Por fim, Gardner comenta que, se for ampliada a noção de inteligência para abranger o conhecimento do ser humano, pode-se cogitar uma inteligência moral, embora envolva um aspecto difícil, pois a moral está ligada a um sistema cultural de valores.

Em seu livro *Inteligências múltiplas: um conceito reformulado*, Gardner (2000) acrescenta algumas afirmações que complementam e esclarecem suas convicções:

- A teoria é uma descrição da cognição humana em sua plenitude – uma nova definição da natureza humana. Embora todos recebam essas inteligências, não há duas pessoas que tenham exatamente as mesmas inteligências, com as mesmas combinações.
- Cada pessoa tem uma mistura singular dessas inteligências, podendo optar por ignorar essa singularidade, fazer um esforço para minimizá-la ou desfrutá-la com prazer.
- É tentador hierarquizar as inteligências como mais ou menos importantes, melhores ou piores. Entretanto, as inteligências são estritamente amorais e qualquer uma delas pode ser usada tanto para construir como destruir.

Gardner (2000) expande suas ideias conceituando a inteligência como "um potencial biopsicológico para processar informações que pode ser ativado num cenário cultural, para solucionar problemas ou criar produtos que sejam valorizados numa cultura".

O estudo de Gardner tem sido um dos maiores sucessos da psicologia, fascinando leigos e cientistas e estimulando a elaboração de inúmeros trabalhos, reportagens, artigos e livros. Ao abrir o conceito de apenas uma inteligência para o reconhecimento da existência de uma multiplicidade de competências em cada indivíduo, ele forçou uma reavaliação, não somente a respeito da definição de inteligência, mas, também, sobre a metodologia de aprender e de ensinar.

Robert Sternberg define a inteligência como uma atividade mental ou processo que pode ser aprendido e enfatiza a dimensão em que seus aspectos funcionam. Ele teoriza um tríplice conceito de inteligência – em sua **teoria triárquica**, que foi uma das primeiras a ir contra o enfoque psicométrico e adotar uma abordagem mais cognitiva. Sternberg acredita que, para entendê-la, precisamos considerar seu desenvolvimento por três aspectos: o mundo interno do indivíduo, o mundo externo do indivíduo e a interação entre esses dois campos da experiência individual.

Os aspectos do mundo interno podem ser exemplificados pelo pensamento analítico que trata da relação da inteligência tentando a solução de novos tipos de problemas. Os aspectos do mundo externo, pelo pensamento contextual ou prático, relacionando a inteligência na busca de estratégias para solucionar questões que apliquem o que sabemos aos contextos cotidianos ou a determinadas circunstâncias ambientais; para podermos nos adaptar, moldar, criar ou selecionar novos ambientes.

A interação entre esses dois campos, pelo pensamento experiencial ou criativo, que está ligado à relação entre a inteligência e a experiência e sintetiza as diferentes tentativas para resolver problemas buscando elementos conhecidos ou a relação entre elementos para aplicá-los em novas situações.

O autor acrescentou, ainda, outra expressão – *conhecimento tácito* – para se referir àquilo que precisamos saber para alcançar o êxito. É o conhecimento adquirido na vida diária, mas que não é necessariamente ensinado, verbalizado ou transmitido pelas vias comuns. Segundo ele, um exemplo de conhecimento tácito é a sabedoria, pois é desenvolvida na vivência prática e leva o indivíduo a alcançar a estabilidade entre duas áreas. A primeira é conseguir equilibrar suas necessidades com as dos outros, incluindo o que pode ser afetado ao longo do tempo, como instituições ou o meio ambiente. A segunda é atingir o equilíbrio quando é levado a fazer alterações em situações de seu cotidiano, como a adaptação, quando realiza mudanças pessoais para se ajustar ao mundo, a intervenção, quando procura mudar o mundo à sua volta e a seleção, quando escolhe mudar para um outro ambiente.

De acordo com seus estudos, a inteligência pode ser aumentada e, assim como outros autores, ele está convicto de que ainda não estamos próximos de alcançar nosso verdadeiro potencial. Sua alusão à inteligência sintética é a expressão experiencial de superdotação que mais impacto causou no mundo (Sternberg, 1985b).

Sternberg, ao levantar questões para o entendimento nessa área, mostra a confiança de que poderá incentivar o desenvolvimento da mais completa teoria de inteligência, para assegurar os alicerces de instrumentos de avaliação mais úteis. Tal avanço pode levar a novas e mais efetivas estratégias educacionais.

A definição de inteligência de Sternberg desenvolveu-se a partir de sua fundamentação e interesse pela cognição humana, especialmente pelo processo de informação. Ele declara que as primeiras teorias sobre a inteligência não explicam a interação entre o indivíduo e seu mundo real e critica, também, as tentativas de acessar ou identificar o pensamento inteligente apenas pelas respostas de testes, cujas questões estão completamente desconectadas das reais experiências de vida de quem está sendo avaliado (Sternberg, 1985a).

Sternberg esclarece que um comportamento inteligente é, em última instância, um comportamento que envolve a adaptação, a seleção ou a acomodação da pessoa à realidade de seu ambiente. A **adaptação** ocorre quando a pessoa tenta ajustar-se ao meio no qual se insere. A **seleção** acontece quando a pessoa decide encontrar um novo ambiente em vez de se adaptar àquele em que está – pode ser motivada pela decisão de que o meio atual é moralmente reprovável ou não é satisfatório para seus talentos e interesses. A **acomodação** ao meio ocorre quando o indivíduo não pode selecionar um ambiente que se mostre satisfatório. Nesse caso, a pessoa faz modificações no ambiente em que está, no sentido de aperfeiçoá-lo para se ajustar às suas habilidades, interesses e valores, capitalizando seus pontos fortes e compensando suas fraquezas (Sternberg, 1985b, p. 18).

As descobertas a respeito da natureza da inteligência humana e de seus limites alteraram, literalmente, todo conceito previamente existente sobre o ser humano e seu potencial. A doutora Clark (1992, p. 10, tradução nossa), docente da Universidade da Califórnia, comenta: "temos reconhecido inteligência como o resultado do desenvolvimento e inter-relação de todas as funções do cérebro humano, que pode ser aumentada ou inibida pela interação entre os padrões genéticos e as oportunidades proporcionadas pelo meio".

Para o desenvolvimento do estudo sobre a superdotação, a teoria interativa da inteligência traz uma nova área para investigar: por que algumas pessoas tornam-se superdotadas?

RELACIONANDO A TEORIA COM A PRÁTICA

Conversando com Dr. Howard Gardner

Em entrevista para o site Brain Connection, *Gardner afirma que o conceito de inteligência múltipla guia o modo como ele enxerga a própria inteligência e a dos outros. Entre as inovações do seu trabalho, a ênfase na música e na inteligência intrapessoal (nossa capacidade de tomar diferentes decisões no decorrer da vida) é a mais importante.*

Pai de quatro filhos, que viram no pai um grande exemplo de leitor e pesquisador, Gardner viu em sua família uma grande fonte de aprendizado sobre a riqueza das diferenças entre os seres humanos:

"Quando eu tinha apenas um filho, achava que todas as crianças eram iguais. Quando tive dois filhos, pensei que havia dois tipos de seres humanos (por exemplo, introvertidos e extrovertidos). Com três filhos, concluí que todos os jovens são diferentes. Agora, com quatro filhos, estou muito ocupado tentando arrecadar dinheiro para as mensalidades da faculdade para ter tempo para teorizar!"

Fonte: Elaborado com base em HANSON, 2008, tradução nossa.

Refletindo com Dr. Robert Sternberg

A carreira espetacular de Robert J. Sternberg, dentro da psicologia, conhecido por suas pesquisas sobre a inteligência humana, a criatividade, os estilos de pensamento e o amor, teve um começo bastante desfavorável. Seu interesse sobre a inteligência começou muito cedo; em seu caso, movido por situações extremamente pessoais. O seu fracasso em testes de QI instigou um interesse em testes de inteligência e o levou a propor uma nova teoria alternativa sobre o assunto; suas notas baixas na universidade o orientaram a buscar outras maneiras de ensinar.

Na universidade ele desistiu da psicologia por causa das notas baixas e buscou o curso de matemática. Este dificilmente seria o histórico esperado para o homem que é agora professor IBM de Psicologia e Educação em Yale.

Nos primeiros anos na escola ele foi considerado como "embotado" pelos resultados dos testes; classificado como um aluno de baixo rendimento, os professores não esperavam nada dele. Tudo mudou quando uma nova professora demonstrou grandes expectativas a seu respeito e ele respondeu positivamente. Ela exigiu mais e ele rendeu mais.

Desistir da psicologia na universidade somente serviu, conforme ele, para descobrir que era ainda mais inadequado em matemática e fazê-lo voltar para o assunto o qual superaria subsequentemente. O encorajamento de sua professora fez com que terminasse a Universidade de Yale com louvor.

As teorias educacionais de Sternberg orientam para buscar o melhor em todos os estudantes, satisfazendo suas diferentes formas de inteligência e estilos de pensamento e evoluíram por reflexão em seus próprios problemas. Por que o teste de QI o classificou como estúpido? Porque testou só um certo tipo de inteligência – a habilidade para memorizar e analisar. Por que teve notas baixas na universidade? Porque suas colocações eram muito criativas; ele abordava novas questões que desafiavam o que era determinado.

Sternberg analisou o que leva muitas pessoas com a habilidade prática para fazer um trabalho como o dele – ensinar, pesquisar e administrar – a serem excluídas pela dificuldade em memorizar fatos. Concluiu que o sistema de ensino era inadequado para os estudantes talentosos, pois não conseguia reconhecer suas habilidades criativas. Em consequência, ele formulou a teoria triárquica da inteligência. Sua aplicação prática indica uma forma de inteligência para o sucesso, como a habilidade para alcançar sucesso na vida, nos padrões da pessoa e dentro de seu próprio contexto sociocultural.

Fonte: Elaborado com base em INTERVIEW..., 2008.

Capítulo

3

3 Superdotação

> É provável que você possa dizer que conhece um superdotado quando vai pegar o talonário de cheques para registrar o que emitiu e encontra os resultados já calculados... com lápis de cor.

A palavra *superdotado* foi usada inicialmente para identificar indivíduos que se colocavam na faixa superior de 5% em relação à população, após um teste de inteligência geral. Sabendo, agora, que a superdotação está muito além do que podem representar os escores obtidos em um teste, sua definição deverá ter maior amplitude.

Muitas organizações, escolas, educadores e demais profissionais não ficam confortáveis com a palavra *superdotação*, evitando-a sempre que possível. Parece significar uma condição de elitismo, que define um grupo sendo melhor do que os outros (Galbraith, 2000).

Alguns professores também resistem em aceitar a identificação de um aluno como superdotado, evidenciando o receio de não ferir sentimentos dos que talvez não possuam habilidades acima da média ou, pelo menos, ainda não tiveram a oportunidade de uma avaliação de seu potencial. Para o professor, admitir que um aluno é muito inteligente ou superdotado traz a imediata sensação de que está desmerecendo os outros, embora não exista o mesmo critério para rotular a criança de desatenta, dispersiva, bagunceira, inquieta, hostil e questionadora.

Em compensação, há profissionais, educadores e instituições que utilizam a denominação sem receio, de forma clara, precisa e simples.

Por desconhecimento, em um primeiro momento, a tendência geral é identificar uma habilidade como disfunção ou dificuldade. Educadores e pais, na busca de conseguir a igualdade e a homogeneidade que se espera no convívio social, preferem acreditar que atingirão um padrão de comportamento e resultados, seja na família, seja na escola.

Os indivíduos superdotados rapidamente percebem que devem compor esse cenário e, independentemente da faixa etária, tentam se enquadrar ao que deles se espera. É preocupante perceber que um indivíduo que se destaca dos demais por sua extrema capacidade procure esquivar-se em assumir a inteligência ou conhecimento além do esperado e que esconda a verdade sobre si mesmo na tentativa de se ajustar a modelos que o meio considera aceitáveis.

Várias são as razões para justificarmos a necessidade de uma atenção diferenciada ao superdotado. Uma delas é por ser o potencial superior um dos recursos naturais mais preciosos, responsável pelas contribuições mais significativas ao desenvolvimento de uma civilização (Brasil, 2002).

MITO – SUPERDOTADOS NÃO PRECISAM DE ATENDIMENTO ESPECIAL

No Brasil, a luta ainda é pela qualidade do ensino em geral; o sistema escolar conta com instrumentos para auxiliar os alunos que não atingem a média – recuperação, reforço, aulas particulares –, ou seja, não há a preocupação em desafiar os que já sabem os conteúdos ou aprendem rapidamente. A falta de atendimento especial causa desânimo, frustração e, em alguns casos, até desistência. Aparentemente, esse aluno já é atendido, pois está na escola, mas isso impede a visualização da necessidade de sua inclusão. (Pérez, 2003)

Se a proposta educacional, em respeito à legislação, é conhecer, dar apoio e ter recursos para que se desenvolva um trabalho inclusivo nessa área da educação especial, a primeira e principal condição é acreditarmos que existem alunos inteligentes, brilhantes e superdotados e respeitarmos suas diferenças.

3.1 Evolução das denominações e orientações legais

> Menino, ao ver a placa que dizia "Proibida a entrada de pessoas estranhas":
> — Pai, eu posso entrar, pois eu sou normal! (5 anos)

Antes de conceituarmos superdotação, é importante o entendimento das diversas denominações encontradas, pois, ao longo dos anos, essa nomenclatura tem sido fonte de polêmica e ainda não há uniformidade entre autores e especialistas.

Os termos *bem-dotado*, *superdotado* e *talentoso* são, muitas vezes, usados para definir indivíduos com características acadêmicas ou artísticas, em níveis superiores à média geral.

A referência a **bem-dotados** é usualmente encontrada para definir indivíduos que apresentem desempenho acima da média, nas diversas áreas de atividades; **superdotados**, para os que se colocam na zona superior de desempenho, devido as suas altas capacidades – destacam-se por resultados de nível excepcional; **talentosos**, para os de talento especial em diversos setores das atividades humanas (Novaes, 1979).

Há autores que consideram o indivíduo altamente criativo como pertencente a um grupo especial; outros usam superdotação como uma terminologia ampla, para designar o indivíduo talentoso, o criativo e o de habilidade intelectual superior (Alencar, 1986).

Outra denominação encontrada na literatura é a referência a superdotados e talentosos, evidenciando que, de forma implícita, existe a concepção de o talento estar associado ao desempenho artístico ou psicomotor e a superdotação ser relacionada às habilidades intelectuais e acadêmicas.

Dessa maneira, a superdotação fica vinculada às inteligências linguística e lógico-matemática, que são medidas pelos testes e valorizadas no meio escolar; as outras inteligências, como a musical, a corporal-cinestésica, a espacial, a interpessoal, a intrapessoal ou a naturalista, são expressões dos dons ou talentos. Essa separação, quase hierárquica, é combatida por estudiosos que enfatizam o fato de indivíduos superdotados se destacarem em uma área, ou em um grupo delas, e suas características serem equivalentes, independentemente da categorização de sua habilidade.

A legislação brasileira, na área da educação especial, adota, atualmente, a palavra *superdotado* para denominar essa categoria de alunos com necessidades educacionais especiais e justificar a necessidade de um atendimento adequado às necessidades diferenciadas que apresentam. Entretanto, ainda hoje, há algumas diferenças, principalmente no discurso dos diversos especialistas brasileiros, e não vemos, em curto prazo, possibilidades de uniformizar a terminologia. Isso é facilmente explicado pela extensão do nosso país, pois o nosso vocabulário também tem um elenco de diferenças semânticas e sonoras, notadas nas diversas regiões, que evidenciam a curiosidade, a diversidade e a riqueza de nossa cultura. O que devemos é apenas ter cuidado com a criação de neologismos, que virão dificultar o cruzamento com o referencial científico.

MITO – TODOS TÊM TALENTOS E DEPENDEM SOMENTE DE ESTÍMULO

Essa concepção mostra o desconhecimento sobre as características diferenciadas dos superdotados. Expressa a vontade das pessoas para encontrar uma explicação, na qual haja espaço para todas as crianças, na defesa de uma falsa igualdade. É reforçada por publicações do tipo Manual para fazer de seu filho um gênio. A estimulação cognitiva, indicada normalmente nos livros, pode favorecer uma melhora no desempenho, mas não afasta os resultados científicos e não fabrica comportamentos de superdotação quando a criança não apresenta indicadores (Pérez, 2003). "Sem o requisito do recurso interno na criança, nenhuma quantidade ou tipo de criação pode fazer diferença entre a mediocridade e a excelência" (TANNENBAUM, 1991 , tradução nossa).

Em 1995, a Seesp/MEC utilizou a expressão *altas habilidades/superdotação* em suas publicações, principalmente nas diretrizes, para a implementação dos programas para esse público. Essa denominação foi adotada oficialmente durante alguns anos e, ainda hoje, é encontrada e aceita em muitos textos e por algumas instituições.

A tentativa de chegar a um consenso de nomenclatura é uma preocupação também presente em diversos países e está relacionada com a resistência contra os termos *superdotação* ou *superdotado*, por favorecer a interpretação de que o indivíduo superdotado possa ser superior em relação aos outros. A expressão *altas habilidades* parece mais acessível e amena, pois tem sonoridade mais aceitável para educadores e pais.

Podemos encontrar, também, em artigos de revistas técnicas ou congressos certas siglas junto de denominações, como altas habilidades (AH) ou pessoas com altas habilidades (PAHs). Há outros autores que usam expressões como *portadores de altas habilidades* ou *portadores de superdotação*.

A expressão *altas habilidades*, apresentada por alguns estudiosos brasileiros, tem origem no European Council for High Ability – ECHA (Conselho Europeu para Altas Habilidades), o qual agrega representantes de vários países, com grande diversidade de idiomas, e pode ser traduzida, com significado similar, para todos. Podemos, entretanto, verificar que, apesar de o título ser abrangente, nas publicações desse conselho e nos textos encontrados na sua página da internet, os termos *superdotação* (*giftedness*), *superdotado* (*gifted*) e *talentoso* (*talented*) estão sempre presentes.

Com a publicação da Lei de Diretrizes e Bases da Educação Nacional (LDBEN/1996), que define a educação especial como uma modalidade de educação escolar que permeia todas as etapas de ensino, e com a resolução do Conselho Nacional de Educação (CNE 02/2001), que regulamenta o direito de acesso e permanência no ensino regular aos alunos com necessidades educacionais especiais, as palavras *superdotado* e *superdotação* são usadas e reafirmam, legalmente, essa denominação para todos esses alunos.

Desde então, muitas instituições ou associações que adotavam somente a expressão *altas habilidades* ou altas *habilidades/superdotação* tiveram de se adequar à terminologia legal.

Sendo assim, em 2003, quando foi fundado o Conselho Brasileiro para Superdotação (ConBraSD), organização que congrega as instituições e iniciativas na área da educação especial brasileira, o Ministério da Educação (MEC), na redação de documentos oficiais, na escolha do nome e da sigla, orientou que se use a denominação oficial de *superdotação*.

Por ser uma legislação recente, as denominações ainda não foram unificadas em documentos, até mesmo nas publicações do MEC e da Seesp, para se referir ao aluno superdotado.

Os termos frequentemente utilizados são:

- Altas habilidades: adotado pela influência do Conselho Europeu para Altas Habilidades – ECHA (European Council for High Ability).
- Superdotado ou talentoso: adotado pela nomenclatura do Conselho Mundial para Crianças Superdotadas e Talentosas – WCGTC (World Council for Gifted and Talented Children).
- Superdotação: usado pela Federação Ibero-Americana Ficomundyt (Federación Iberoamericana del World Council for Gifted and Talented Children).

As diretrizes para a educação especial brasileira têm sido traçadas em diversos documentos, tanto de cunho legal como em material para apoio técnico e pedagógico. Tanto as publicações como os setores responsáveis pela área, junto do governo federal, ao longo do tempo, têm mudado de denominação, fazendo seus conteúdos sofrerem as adequações correspondentes. Isso pode causar dúvidas ou insegurança a respeito da validade das orientações contidas nessas diretrizes, assim como da pertinência das referências, quando se realiza uma pesquisa.

Alguns desses documentos não foram reeditados, pois estão ligados ao momento educacional e político de sua elaboração e são difíceis de serem encontrados. Entretanto, esclarecemos que, embora os títulos e alguns termos tenham sido modificados, os conceitos a respeito da superdotação, as características dos superdotados e as modalidades de intervenção pedagógica não têm sofrido alterações expressivas ou conceituais.

Resgatamos a informação a respeito dos documentos orientadores de maior relevância que podem ser de utilidade para os educadores e instituições que desejarem consultá-los.

Uma das primeiras orientações encontra-se nos *Subsídios para Organização e Funcionamento de Serviços de Educação Especial*, elaborada pelo Centro Nacional de Educação Especial do Ministério de Educação (1986); posteriormente, seu conteúdo foi ampliado e atualizado para compor o texto das *Diretrizes Gerais para o Atendimento Educacional aos Alunos Portadores de Altas Habilidades/Superdotação e Talentos* (1995); na sequência foram editados os *Parâmetros Curriculares Nacionais: adaptações curriculares – estratégias para a educação de alunos com necessidades educacionais especiais* (1999) (Brasil, 1986, 1995a, 1999).

Com as Políticas Públicas da Educação Inclusiva e a necessidade de criar condições para a inclusão dos alunos com necessidades educacionais especiais nas escolas de ensino regular, as diretrizes foram elaboradas com orientações para as fases da educação infantil e do ensino fundamental e fazem parte da série *Saberes e Práticas da Inclusão*, que na área da superdotação tem uma publicação específica, a qual leva o nome: *Desenvolvendo competências para o atendimento às necessidades educacionais de alunos com altas habilidades/ superdotação* (Brasil, 2006).

MITO – O ATENDIMENTO ESPECIAL PARA SUPERDOTADOS É ELITISMO

Esse mito surgiu a partir do atendimento segregado adotado em certos países para exercitar habilidades específicas em áreas acadêmicas. O atendimento especial, sob o paradigma da inclusão, é a integração social de todos que possuem necessidades educacionais especiais e precisam de serviços educacionais diferenciados para que possam ser cidadãos felizes e realizados. (Pérez, 2003)

RELACIONANDO A TEORIA COM A PRÁTICA

Outras denominações para o superdotado

Crianças superdotadas sempre receberam outras denominações na tentativa de encontrar uma terminologia que seja mais aceitável para a família e a sociedade. Alguns termos descrevem apenas em parte o que é ser superdotado e outros levam a interpretações completamente diferentes.

Talentoso – *Terminologia usada por alguns autores que denominam de* talento *as habilidades na área artística ou psicomotora e* superdotação *as que estão direcionadas à melhor produção acadêmica.*

Talento pode também ser usado para uma habilidade específica que o indivíduo possui e que pode ser altamente desenvolvida com empenho e dedicação. Crianças superdotadas normalmente têm mais do que uma habilidade/talento.

Gênio – *Anteriormente foi muito usado, mas não é adequado para a superdotação. O gênio só é reconhecido por uma produção ou contribuição que causa transformação em um campo do conhecimento e pode mudar conceitos estabelecidos, permanecendo por gerações. A palavra é mais adequada para pessoas como Einstein, Leonardo da Vinci, Marie Curie, Stephen Hawking.*

Precoce – *Geralmente se refere a uma criança que evidencia habilidade específica, prematuramente desenvolvida, em qualquer área do conhecimento. É interessante lembrar que as palavras* precoce ou precocidade*, do latim* praecox – praecocis*, têm o significado de* maturação antes do tempo esperado.

Prodígio – *Refere-se à criança que, em idade precoce, demonstra um nível avançado de habilidade, semelhante ao de um profissional adulto, em algum campo específico. Pode ser usado, também, quando a criança tem um estilo muito disciplinado de motivação.*

Inteligência superior – É uma expressão comparativa. Quando um indivíduo é classificado com inteligência superior, devemos perguntar: A quem? Em qual grupo? É superior em que graduação? A criança superdotada poderá ser superior à maioria das crianças de sua idade em alguns aspectos e ser igual ou até ter menos habilidade em outros.

Alto QI – O termo também dá a ideia de uma relação comparativa. O QI é expresso por um número e sua sequência é gradativa. Dessa forma, cada número obtido pode ser comparativamente mais alto ou mais baixo que o anterior. Um aluno de inteligência mediana tem QI mais alto do que um aluno limítrofe. Esse termo não é adequado, pois, além de tudo, é limitante. A superdotação está além de um número ou valor alcançado em um teste.

Rápido para aprender – É uma expressão útil na compreensão da superdotação, porque é uma característica distinta, manifestada pelos superdotados. Entretanto, não explica todas as suas características.

Excepcional – Pode descrever o nível de alguma das características ou habilidades da criança superdotada. Há pessoas que, para evitar a palavra superdotado, dizem "excepcional para mais", o que absolutamente não ajuda a esclarecer. A palavra excepcional já foi muito empregada para descrever pessoas com algum déficit ou limitação e, normalmente, esse é o significado com que é associada.

3.2 Conceituação

> "Dizer que alguém é superdotado parece muito difícil. Meus pais têm medo que eu seja rotulado, mas os títulos, rótulos e etiquetas são parte de nossa vida. Penso que eles só existem para ajudar a entender, localizar e nos comunicarmos corretamente." (9 anos)

Caracterizar e conceituar o aluno superdotado não é tarefa das mais fáceis, pois os talentos, além de complexos, também podem ser múltiplos. Várias são as definições, entre as quais se encontram conceitos baseados no ponto de vista da evidência dos talentos e das habilidades específicas, da liderança social, assim como do ponto de vista percentual.

Muitas mudanças vêm ocorrendo na definição da superdotação, sendo as principais para torná-la um conceito multidimensional, que inclua não apenas habilidade intelectual superior, mas uma variedade de talentos em áreas diversas. A tendência dos estudiosos é ampliar a dimensão do conceito anteriormente aceito, associando ao aspecto puramente intelectual outros termos de relevante importância: *criatividade, liderança, talento específico, curiosidade e interesse altamente superior ao da faixa etária.*

Portanto, os superdotados não podem ser considerados como pertencentes a um grupo homogêneo, com características comuns, mas, sim, a um grupo extremamente heterogêneo, cujos componentes podem destacar-se por inúmeras e diferentes capacidades, variando tanto em habilidades cognitivas como em atributos de personalidade e nível de desempenho. O desenvolvimento assincrônico dos superdotados faz com que sejam indivíduos singulares, nos quais as várias áreas do desenvolvimento são manifestadas em níveis diferentes em relação à média.

MITO – SUPERDOTAÇÃO É SINÔNIMO DE GENIALIDADE

Esse é um dos mitos dominantes. Quando se fala em superdotação, a primeira ideia, para a maioria das pessoas, é a de que o superdotado é um gênio ou aquele que alcança sucesso em tudo o que faz. Entretanto, é considerado como superdotado o indivíduo que apresenta uma ou mais áreas de habilidade, com traços consistentemente superiores em relação a uma média (idade, produção, série escolar etc.), em qualquer campo do saber ou do fazer. O gênio não apenas possui habilidades relevantes, como também utiliza sua capacidade para uma produção ou descoberta que altere conceitos e mude verdades previamente estabelecidas, sendo reconhecido por dar uma contribuição original e de grande valor para a sociedade. Podemos concluir, então, que nem todo superdotado é um gênio, mas todo gênio é superdotado. Indivíduos considerados gênios na humanidade podem ter se destacado em apenas uma área e, possivelmente, tiveram aspectos nos quais também demonstraram dificuldades.

No Brasil, a Seesp/MEC, em suas diretrizes básicas, adota a mesma definição apresentada no relatório de Sidney Marland (1972), então responsável pelo Departamento de Saúde, Educação e Bem-Estar dos Estados Unidos, que separa em seis as áreas gerais de habilidade.

De acordo com essas diretrizes, as crianças que apresentam notável desempenho e/ou elevada potencialidade em qualquer dos aspectos descritos a seguir – isolados ou combinados – são consideradas superdotadas e talentosas:

- Capacidade intelectual geral;
- Aptidão acadêmica específica;
- Pensamento criador ou produtivo;
- Capacidade de liderança;
- Talento especial para artes visuais, artes dramáticas e música;
- Capacidade psicomotora. (Marland Junior, 1972, tradução nossa)

Esses aspectos são assim considerados para facilitar a operacionalização de seu atendimento e podem desdobrar-se em outras categorias, conforme transcrição a seguir.

- **Habilidade intelectual geral** – Essa categoria inclui indivíduos que demonstram características como: curiosidade intelectual, poder excepcional de observação, habilidades para abstrair, atitudes de questionamento e habilidades de pensamento associativo.
- **Talento acadêmico** – Inclui os alunos que apresentam um desempenho excepcional na escola, que se apresentam muito bem

em testes de conhecimento e demonstram alta habilidade para as tarefas acadêmicas.

- **Habilidade de pensamento criativo e produtivo** – Inclui estudantes que apresentam ideias originais e divergentes, habilidade para elaborar e desenvolver suas ideias originais e que são capazes de perceber de muitas formas diferentes um determinado tópico.
- **Liderança** – Inclui aqueles estudantes que emergem como os líderes sociais ou acadêmicos de um grupo.
- **Artes visuais, cênicas e música** – Engloba os alunos que apresentam habilidades para pintura, escultura, desenho, filmagem, dança, canto, teatro e para tocar instrumentos musicais.
- **Habilidades psicomotoras** – Engloba aqueles estudantes que realizam proezas atléticas, incluindo também o uso superior de habilidades motoras refinadas, necessárias para determinadas tarefas e habilidades mecânicas. (Tuttle; Becker, 1983, p. 27-28, tradução nossa)

Essa perspectiva, também utilizada no Brasil na década de 1970, é a que tem tido maior influência na conceituação norte-americana, embora sejam levantadas algumas questões.

Renzulli ressalta que, apesar de a definição chamar a atenção para uma variedade maior de habilidades, ela não inclui aspectos não intelectuais, como os fatores motivacionais que, muitas vezes, são importantes indicativos nos estudos feitos com base em amostragens de pessoas proeminentes. Outro aspecto levantado pelo autor diz respeito à natureza não paralela das seis categorias incluídas na definição, ressaltando que "duas entre as seis categorias (aptidão acadêmica e artes) chamam a atenção para os campos de atividade humana – ou áreas de desempenho – nas quais os talentos e habilidades se manifestam. As quatro categorias restantes aproximam-se mais de processos que podem se manifestar em áreas de desempenho" (Renzulli, 1984, tradução nossa).

Em 1994, a definição brasileira foi ligeiramente modificada, incluindo-se, pela primeira vez, o termo *portadores de altas habilidades/superdotados*, e a conceituação de superdotação, utilizada desde essa data, é a que está publicada nos documentos oficiais (Brasil, 1995b).

A redação original de Marland (1972), citada anteriormente, sofreu modificações e, em 1988, uma nova versão foi aprovada pelo Congresso dos Estados Unidos, a partir da proposição do senador Jacob K. Javits:

> O termo superdotado e talentoso significa crianças e jovens que tenham evidenciado elevada capacidade de desempenho em áreas tais como: intelectual, criativa, artística, capacidade de liderança e em aptidões acadêmicas específicas e que necessitam serviços ou atividades não ordinariamente oferecidas pela escola, para o completo desenvolvimento de tais capacidades. (Cassidy; Jack; Hossler, 1992, p. 47, tradução nossa)

Todos os conceitos, de algum modo, enfocam o desempenho como um dos pontos comuns nas características dos superdotados.

Enquanto a observação do comportamento é necessária para a identificação dos altos níveis de inteligência, o desempenho das habilidades, os relatos de fatos ou outros elementos considerados como fundamentais para compreender a superdotação serão limitados se a avaliação recorrer apenas a testes formais.

O progresso no estudo das funções do cérebro/mente traz possibilidades de fundamentação diferenciada para definir a superdotação e o seu desenvolvimento, incluindo alguns fatores que não são, prontamente, observáveis. Os dados coletados favorecem o entendimento da inteligência e dos processos cerebrais envolvidos na aprendizagem e no desenvolvimento dos altos níveis da inteligência.

A importância de entender a inteligência, os processos de aprendizagem e como são os estudantes superdotados pode facilmente ser vista. Menos óbvia está a importância de compreender o papel do cérebro nesses processos e como tal conhecimento pode contribuir efetivamente para o desenvolvimento, bem como para a educação dos muitos superdotados existentes.

A superdotação pode manifestar-se de várias formas, abrangendo desde a notável habilidade cognitiva e aptidão acadêmica até o comportamento criativo, habilidades de liderança e desempenho artístico. Assim, podemos notar que a superdotação depende tanto dos padrões genéticos do indivíduo como das oportunidades que o ambiente lhe proporciona. Para criar uma interação ideal com o meio, tem sido considerado que todas as principais funções cerebrais – cognição, emoção, senso físico e intuição – necessitam ser usadas em cada experiência de aprendizagem (Diamond, 1988).

Os estímulos e a forma de interagir com eles permitem a algumas crianças desenvolver talentos e habilidades a ponto de evidenciar a superdotação. Caso contrário, a falta de tais chances inibe o desenvolvimento, podendo até apresentar dificuldades significativas. Altos níveis de inteligência e superdotação são, então, resultantes de um processo dinâmico e interativo.

Indivíduos superdotados usam mais efetiva e eficientemente as funções cerebrais. Isso pode ser constatado pelo processo de rapidez do pensamento, na identificação e solução de problemas complexos, bem como no uso de pensamentos abstratos – frequentemente raros e diferentes – e por percepções de natureza útil e profunda (Clark, 1992). A conceituação de superdotado de Clark sintetiza os conhecimentos das mais recentes definições.

> Superdotação é um conceito biologicamente fixado, que serve como definição para o alto nível de inteligência e indica um desenvolvimento acelerado e avançado das funções do cérebro, incluindo a percepção física, emoções, cognição e intuição. Tais funções podem ser expressas por meio de habilidades como aquelas que envolvem cognição, criatividade, aptidões acadêmicas, liderança ou desempenho visual e artístico. Indivíduos superdotados são aqueles que desempenham (ou demonstram) capacidades de alcançar altos níveis em algumas áreas e que, em consequência desse desenvolvimento, necessitam serviços ou atividades não ordinariamente oferecidas pela escola, para desenvolver, plenamente, suas capacidades. (Clark, 1992, p. 8, tradução nossa)

Mito – superdotados são frágeis e gostam de isolamento social

Esse mito, baseado no estereótipo da pessoa inteligente, chamada popularmente pelos colegas de "CDF", "sabido", "nerd", "metido" e, ainda, visualmente representada pela charge tipológica de um aluno de óculos com lentes grossas, raquítico, pálido e insociável – não é confirmado na prática. As características físicas ou de personalidade variam e são de ordem genética ou ambiental. O isolamento quase sempre é consequência da conduta incomodativa dos outros ou da falta de entrosamento com alunos de mesma idade, ocasionada pela disparidade do nível de conhecimento em relação aos demais. Para evitar mais rótulos ou apelidos, o aluno se afasta. (Pérez, 2003)

3.3 Características dos superdotados

Na avaliação psicopedagógica, a primeira sessão é a Entrevista Operativa Centrada na Aprendizagem (Eoca), procedimento usado para observar várias competências do aluno. O profissional deixa objetos e recursos para serem explorados e a consigna é:

— Gostaria que você me dissesse o que sabe fazer com esses materiais, o que lhe ensinaram e o que você aprendeu. – Este comando tem resposta muito favorável com as crianças que, neste momento, já estão ansiosas para manipular aqueles materiais atraentes.

Em um dos primeiros contatos com um estudante superdotado, o psicopedagogo se deparou com uma situação inesperada. Depois que o aluno explicou, detalhadamente, o que poderia fazer e recebeu o comando de mostrar, na prática, como usaria o material, veio a resposta (lógica para quem não entende a necessidade de repetir ou demonstrar o que já explicou):

— Se eu já disse tudo o que eu faria, por que agora eu ainda tenho que mostrar?

Como os indivíduos superdotados não constituem um grupo homogêneo, a investigação sobre a sua natureza e a determinação de características que possam orientar sua identificação têm sido objeto de muitos estudos.

Baseando-se em classificações internacionais, a listagem dos diversos tipos de superdotados foi usada nas orientações do Centro Nacional de Educação Especial do Ministério de Educação (1986), quando se referem à educação especial (Brasil, 1986). Com as Políticas Públicas da Educação Inclusiva, os documentos orientadores estão na série *Saberes e Práticas da Inclusão – Desenvolvendo Competências para o Atendimento às Necessidades Educacionais de Alunos com Altas Habilidades/Superdotação*, publicação da Seesp/MEC (2006). Esse novo documento conserva as mesmas designações dos anteriores.

Tipo intelectual – Apresenta flexibilidade e fluência de pensamento, capacidade de pensamento abstrato para fazer associações, produção ideativa, rapidez de pensamento, elevada compreensão e memória elevadas, capacidade de resolver e lidar com problemas.

Tipo acadêmico – Evidencia aptidão acadêmica específica, atenção, concentração; rapidez de aprendizagem, boa memória, gosto e motivação pelas disciplinas acadêmicas de seu interesse; habilidade para avaliar, sintetizar e organizar o conhecimento; capacidade de produção acadêmica.

Tipo criativo – Relaciona-se às seguintes características: originalidade, imaginação, capacidade para resolver problemas de forma diferente e inovadora, sensibilidade para as situações ambientais, podendo reagir e produzir diferentemente e, até de modo extravagante; sentimento de desafio diante da desordem de fatos; facilidade de autoexpressão, fluência e flexibilidade.

Tipo social – Revela capacidade de liderança e caracteriza-se por demonstrar sensibilidade interpessoal, atitude cooperativa, sociabilidade expressiva, habilidade de trato com pessoas diversas e grupos para estabelecer relações sociais, percepção acurada das situações de grupo, capacidade para resolver situações sociais complexas, alto poder de persuasão e de influência no grupo.

Tipo talento especial – Pode se destacar tanto na área das artes plásticas, musicais, como dramáticas e literárias ou cênicas, evidenciando habilidades especiais para essas atividades e alto desempenho.

Tipo psicomotor – Destaca-se por apresentar habilidade e interesse pelas atividades psicomotoras, evidenciando desempenho fora do comum em velocidade, agilidade de movimentos, força, resistência, controle e coordenação motora. (Brasil, 2006)

Embora separados em diversos tipos, observa-se que os indivíduos superdotados apresentam combinações entre esses tipos.

Os superdotados mostram a mesma variedade de características – mentais, sociais, emocionais e físicas – em qualquer grupo de idade semelhante. Muitos são amistosos e expansivos; alguns são tímidos e retraídos; a maioria é feliz e segura de si; poucos são deprimidos. Isso faz com que os alunos com capacidade mental elevada nem sempre sejam fáceis de ser identificados (São Paulo, 1988a, 1988b).

Alguns desses traços têm sido observados, com certa frequência, sobretudo nos superdotados que se destacam na área intelectual e com habilidades acadêmicas superiores. As características dos superdotados tipicamente dominantes na área artística e psicomotora são menos conhecidas e pesquisadas.

Há muitos traços que podem identificar o indivíduo superdotado e alguns autores referem-se mais frequentemente às características típicas da lista que segue:

- é curioso;
- é persistente no empenho de satisfazer aos seus interesses;
- é crítico de si mesmo e dos outros;
- tem um senso de humor altamente desenvolvido;
- não é propenso a aceitar afirmações, respostas ou avaliações superficiais;
- entende com facilidade princípios gerais;

- tem facilidade em propor muitas ideias para um estímulo específico;
- é sensível a injustiças tanto no nível pessoal quanto no social;
- é um líder em várias áreas;
- vê relações entre ideias aparentemente diversas. (Tuttle; Becker, 1983, tradução nossa)

Outras características presentes em indivíduos superdotados que se destacam por serem altamente criativos são:

- reagem, positivamente, a elementos novos, estranhos e misteriosos de seu ambiente;
- persistem em examinar e explorar estímulos, com o objetivo de conhecer melhor a respeito deles;
- são curiosos, gostam de investigar, fazem muitas perguntas;
- apresentam uma forma original de resolver problemas, propondo, muitas vezes, soluções inusitadas;
- são independentes, individualistas e autossuficientes;
- têm grande imaginação e fantasia;
- veem relações entre objetos;
- têm sempre muitas ideias;
- preferem ideias complexas e irritam-se com a rotina;
- podem ocupar seu tempo de forma produtiva, sem ser necessária uma estimulação constante pelo professor. (Torrance, 1962; Gowan; Torrance, 1971; Alencar; Fleith, 2001)

Os alunos superdotados podem também evidenciar, em sala de aula, maior facilidade para linguagem, para socialização, capacidade de conceituação expressiva ou desempenho escolar superior.

- Na linguagem, destacam-se pelo raciocínio verbal e vocabulário superior à idade; nível de leitura acima da média do grupo, habilidade de comunicação e linguagem criativa.

- Quanto à capacidade de conceituação, relaciona-se à apreensão rápida da relação causa-efeito, observação acurada, domínio dos fatos e manipulação criativa dos símbolos, além de um raciocínio incomum.
- Na área da socialização, apresentam facilidade de contato social, capacidade de liderança, relacionamento aberto e receptivo, sensibilidade aos sentimentos dos outros.
- O desempenho escolar refere-se ao alto nível de produção intelectual, motivação para aprendizagem, metas e objetivos acadêmicos definidos, atenção prolongada e centrada nos temas de seu interesse, além de persistência dos esforços em face das dificuldades inesperadas. (Brasil, 1986)

Devemos considerar que nem todos os superdotados apresentam todas essas características ou, quando as apresentam, poderão não estar, necessariamente, em simultaneidade e no mesmo nível (Brasil, 1986).

Quanto ao ajustamento, constatamos que, embora muitos superdotados não tenham problemas nessa área, isso não acontece quando se trata de indivíduos excepcionalmente inteligentes. A tendência a apresentar dificuldades no relacionamento social ocorre, principalmente, quando não há possibilidades de interagir com indivíduos de capacidade ou velocidade de raciocínio semelhante. Nas atividades de enriquecimento ou programas especiais com alunos de características similares, tais dificuldades tendem a diminuir e mesmo a desaparecer.

Apesar de ser verificada entre os alunos mais brilhantes uma maturidade física, social e emocional acima da média, isso não é uma regra, podendo ser observado que aspectos do desenvolvimento intelectual, social, emocional e físico não seguem o mesmo ritmo esperado em outros indivíduos.

Crianças superdotadas quase sempre apresentam algumas áreas de desenvolvimento fora da sincronia comumente encontrada para a sua idade. Essa característica, que tem sido chamada de *assincronia*, faz com que as habilidades cognitivas avançadas e sua grande intensidade combinem-se, criando níveis de experiência e consciência internas qualitativamente diferentes da norma (Silverman, 1993).

A diversidade de características encontradas nos superdotados implica a consciência da responsabilidade de utilizar os mais diversos recursos para a identificação e o atendimento das suas necessidades educacionais. Educadores não podem correr o risco de não saber como atender um aluno que não se adapta na classe regular, por desconhecimento ou por estarem fixados em um modelo predeterminado de superdotado.

RELACIONANDO A TEORIA COM A PRÁTICA

Superdotados? Eles estão em toda a parte!

Ser superdotado não significa ser melhor ou pior que as demais pessoas; significa apenas ser diferente. O indivíduo superdotado age de forma diferente; aprende de forma diferente; raciocina e reage de formas diferentes.

Pedro Henrique (7 anos) tinha que fazer, como tarefa escolar, uma pequena história com o título: Viver é ser diferente.

E ele escreveu:

"Vivendo a gente aprende a ser diferente. Sendo diferente a gente aprende a viver. E sendo os dois a gente aprende e vive! Isso é viver sendo diferente. Por isso VIVER É SER DIFERENTE."

Características

Em um universo tão heterogêneo e entre tantos traços que podem ser indicativos da superdotação, buscamos, em nossa prática, as cinco características que são frequentemente encontradas nos superdotados.

Memória – Os superdotados mostram evidência de uma memória privilegiada. Têm facilidade para lembrar episódios ocorridos em tenra idade; reproduzir histórias ou fazer relatos de experiências com precisão de detalhes; relembrar pessoas que viram poucas vezes; orientar-se em relação a endereços, ruas e locais em que estiveram, mesmo que já tenha se passado um longo tempo; memorizar melodias e letras de canções; e, tragicamente para todos que os cercam, lembrar-se de todas as promessas e ameaças que não foram cumpridas. Sua memória é longa para coisas distantes e curta para coisas imediatas. Normalmente não sabem onde deixaram o lápis ou objetos que acabaram de manusear; esquecem o agasalho, a agenda, cadernos e são fregueses dos "achados e perdidos" na escola.

Alto nível de pensamento *– Superdotados nascem com o potencial para pensar de modo diferente e em um nível mais alto. Essa característica decorre da combinação entre a* **velocidade em processar informações***, a* **habilidade invulgar de raciocínio** *e uma* **curiosidade inata***.*

- *A velocidade no processamento de informações – Ocasiona alterações na estrutura cerebral, como já vimos. Como consequência, há uma maior quantidade de descargas elétricas, uma revolução na química cerebral e mais conexões neuronais. Atenção para um detalhe: possuir um cérebro rápido não é sinônimo de ter hábitos rápidos e a coordenação motora não acompanha o ritmo cerebral. É comum falar rapidamente, atropelar as palavras, pular letras ao escrever, pois as atividades motoras não conseguem acompanhar a rapidez do pensamento.*

- *A habilidade invulgar de raciocínio – Faz com que utilizem uma lógica pura, na qual não há lugar para metáforas ou figuras de linguagem. Entendem as palavras no seu significado real, "ao pé da letra". Enxergam soluções óbvias, são hábeis em perceber dubiedade de comandos ou informações (principalmente nas provas escolares), encontrar soluções diferentes das esperadas e aprender, muito cedo, a usar sua habilidade verbal para contra-argumentar, com propriedade, todas as razões que os outros expuseram e consideravam convincentes.*

- *Curiosidade – É uma característica marcante em quase todos os superdotados. Alguns costumam perguntar tudo sobre um determinado assunto, até esgotar todos os detalhes; outros perguntam tudo sobre todos os assuntos, acontecimentos e situações. Podem fazer mais perguntas do que qualquer pai ou professor sábio saiba responder. Para eles, a conhecida idade dos "porquês" não tem data para iniciar, tampouco prazo para terminar.*

Vocabulário – *Superdotados possuem um vocabulário diferente, bem estruturado, apropriado e mais elaborado. Aprendem e aplicam as palavras no contexto, em um nível que não é o esperado para sua idade. Quase sempre, ao começarem a falar, conseguem fazer a concordância dos tempos verbais e utilizar o plural corretamente. Surpreendem a família porque sua linguagem não é usual no meio em que vivem e têm a tendência para corrigir os erros das pessoas.*

Humor – *Superdotados têm senso de humor adulto, maduro e mais sofisticado. Percebem as piadas facilmente, gostam de jogo de palavras e rimas, têm habilidade para usar a ironia ou o sarcasmo em seus comentários, ficando muito frustrados quando os colegas não entendem suas brincadeiras. Isso faz com que prefiram o diálogo com pessoas mais velhas.*

Preocupação – *Estão alertas para todo o tipo de problemas e se afetam, emocional e fisicamente, pelo medo, ansiedade e inquietação. As informações do cotidiano são avaliadas com mais preocupação e sensibilidade, sejam de cunho familiar ou social. Demonstram medo das perdas, da violência, da solidão, das mudanças, de doenças ou da falta de amor; preocupam-se com os grandes problemas do planeta, como o efeito estufa, a preservação das espécies, a ecologia. Mostram ansiedade com situações inesperadas, acusações, injustiças (tanto pessoais como sociais) e têm dúvidas e incertezas quanto às atitudes das pessoas.*

Críticas

Como não são somente qualidades e habilidades que identificam os superdotados, há duas críticas em sua conduta, as quais também ajudam a reconhecer comportamentos comuns.

Capricho – *Superdotados, de forma geral, não são tão caprichosos e organizados, como os pais e professores esperam. Espantosamente, conseguem saber de imediato quando alguma de suas preciosidades foi para o lixo; seu quarto ou a escrivaninha nunca serão como as revistas de decoração apresentam. A mala da escola é um* container *de guardados que irão se* *acumulando pelo ano todo, sem merecer uma revisão. Colecionam muitas coisas, espalham tudo quando vão brincar ou estudar, rejeitam jogar fora seus guardados ou se desfazer de objetos de seu convívio. Podem colocar as roupas do lado do avesso ou com o lado de trás para a frente e, mesmo alertados, não se preocupam em trocá-las.*

Inadequação *– Por sua honestidade e desenvolvimento moral avançado, muitas vezes, para desespero dos pais, os superdotados não têm a mesma noção de ocasião e adequação das demais pessoas. A tendência é responder francamente e fazer comentários e observações verdadeiras. Isso não é o mais esperado, pois a maioria das pessoas, apesar de perguntar, sempre deseja ouvir respostas elogiosas e agradáveis. Nas situações do cotidiano, por exemplo, perguntar a um superdotado a opinião sobre uma roupa diferente ou uma proposta acadêmica pode receber claramente a resposta: ridícula, sem o mínimo receio ou intenção de magoar. Em sua lógica, que permanece pela vida afora, uma pergunta merece sempre uma resposta verdadeira.*

Costumamos esclarecer, de modo espirituoso, que os superdotados dizem a coisa errada para a pessoa errada na hora errada, alertando os pais de que, na convivência social, poderão escolher entre duas alternativas: morrer de vergonha ou morrer de rir!

3.4 Traços comuns no aluno superdotado

A curiosidade a respeito da morte nos parece assustadora somente porque os adultos têm restrições de falar sobre a terminalidade com as crianças.

Nick (4 anos) foi ao cemitério e queria que abrissem o túmulo para ver como era a avó que ela não conheceu. A mãe explicou que não dava para abrir e tentou explicar que, depois de um tempo, não fica mais nada do "corpo". Depois de pensar um pouco a pequena concluiu:

— Então só a cara vai para o céu? Lá no céu só tem caras?

Vários educadores engajaram-se na redação de subsídios à educação dos superdotados, relativos a procedimentos de identificação e alternativas de atendimento dentro da realidade educacional brasileira. Os traços encontrados com mais frequência nos superdotados, relacionados nos documentos oficiais, têm sido orientadores para informação dos professores.

- Grande curiosidade a respeito de objetos, situações ou eventos, envolvendo-se em muitos tipos de atividades exploratórias;
- autoiniciativa, tendência a começar sozinho as atividades, a perseguir interesses individuais e a procurar direção própria;
- originalidade de expressão oral e escrita, com produção constante de respostas diferentes e ideias não estereotipadas;
- talento incomum para expressão em artes, como música, dança, drama, desenho e outras;
- habilidade para apresentar alternativas de soluções, com flexibilidade de pensamento;
- abertura para a realidade, busca em se manter a par do que o cerca, sagacidade e capacidade de observação;
- capacidade de enriquecimento com situações-problema, de seleção de respostas, de busca de soluções para problemas difíceis ou complexos;
- capacidade para usar o conhecimento e as informações, na busca de novas associações, combinando de forma peculiar elementos, ideias e experiências;
- capacidade de julgamento e avaliação superiores; ponderação e busca de respostas lógicas; percepção das implicações e consequências; facilidade de decisão;
- produção de ideias e respostas variadas e gosto pelo aperfeiçoamento das soluções encontradas;
- gosto por correr riscos em várias atividades;
- habilidade em ver relações entre fatos, informações ou conceitos aparentemente não relacionados;

- aprendizado rápido, fácil e eficiente; especialmente no campo de sua dotação e interesse. (Brasil, 2002)

Quanto às características comportamentais dos alunos superdotados, pode-se notar, ainda, em alguns casos:

- necessidade de definição própria;
- capacidade de desenvolver interesses ou habilidades específicas;
- interesse em conviver com pessoas de nível intelectual similar;
- resolução rápida de dificuldades pessoais;
- aborrecimento fácil com a rotina;
- busca de originalidade e autenticidade;
- capacidade de redefinição e de extrapolação;
- espírito crítico, capacidade de análise e síntese;
- desejo pelo aperfeiçoamento pessoal, não aceitação de imperfeição no trabalho;
- rejeição de autoridade excessiva;
- fraco interesse por regulamentos e normas;
- senso de humor altamente desenvolvido;
- alta exigência;
- persistência em satisfazer seus interesses e questões;
- sensibilidade às injustiças, tanto em nível pessoal como social;
- gosto pela investigação e pela proposição de muitas perguntas;
- comportamento irrequieto, perturbador e inoportuno;
- descuido na escrita, deficiência na ortografia;
- impaciência com os detalhes, com aprendizagem que requer treinamento;
- descuido ao completar ou entregar tarefas, quando desinteressado. (Brasil, 2006)

Quando as principais características e os traços comuns das pessoas superdotadas são abordados, temos de ressaltar que nem todos os indivíduos têm todas as características listadas ou mesmo são facilmente identificadas.

A superdotação engloba uma capacidade extraordinária para pensar, generalizar, ver conexões e usar alternativas. Entretanto, essas habilidades relacionadas não estão necessariamente direcionadas para produção acadêmica, notas altas e primeiros lugares (Sabatella, 2004, p. 10).

RELACIONANDO A TEORIA COM A PRÁTICA

Com 2 anos Giovanna foi à praia e ficou extasiada com o mar, bem em frente à sacada do apartamento. Ia dormir e acordava com o barulho das ondas já em atividade, o que a intrigava. Não terminou o segundo dia quando veio a pergunta:

— Quem é que desliga o mar?

Superdotados têm traços comuns?

Muitas questões sobre como reconhecer uma criança com maior talento, quais as características para identificar o superdotado ou como os pais podem saber se seu filho é mais inteligente surgem comumente nos contatos com os pais, nas escolas e entrevistas.

Embora contenha aspectos que já foram apresentados, a listagem que utilizamos em palestras e aulas, com alguns indicativos comuns aos superdotados, enfatiza os comportamentos mais frequentes que sensibilizam e alertam as pessoas para melhor perceberem a superdotação no seu círculo de relações. É direta e afasta a ideia da genialidade e da perfeição, trazendo aspectos que estão sendo vivenciados em muitas famílias e nas salas de aula.

Se você convive com uma criança ou jovem com a maioria dessas características:

- aprende com rapidez e facilidade sem necessitar de repetições e não tolera fazer as mesmas tarefas novamente;
- demonstra habilidade para leitura e escrita mais cedo que seus colegas;
- mostra curiosidade e originalidade e faz um número ilimitado de

perguntas; pergunta tudo sobre um determinado assunto ou tudo sobre qualquer coisa;

- tem vocabulário avançado, sabe palavras mais difíceis e as utiliza no momento certo;
- memoriza facilmente, com riqueza de detalhes, lembrando sempre o que foi prometido;
- é sensível a injustiças, tanto em nível pessoal como social; pode ser o defensor dos "pobres e oprimidos";
- entende e aceita razões para mudanças (desde que bem argumentadas);
- é crítico de si mesmo e dos outros; exige altos padrões em seu trabalho (quando é mais perfeccionista), assim como em relação aos colegas;
- demonstra grande atenção, persistência e intensa concentração (no que está interessado);
- tem alto nível de energia e amplitude de interesses, sendo desafiado por novas ideias; todas as novidades são instigantes e se envolve física e emocionalmente;
- não aceita afirmações ou respostas superficiais, tendo sempre um grande número de argumentos;
- resolve problemas difíceis e complexos, chegando a soluções originais e inesperadas;
- tem resistência a atividades repetitivas, principalmente a algumas tarefas escolares (caligrafia, cópia, tabuada, pintar dentro das figuras), preferindo expor oralmente o que sabe e sendo objetivo para escrever;
- enxerga o óbvio, percebe com rapidez e normalmente não precisa fazer os cálculos nos problemas, indo diretamente ao resultado;
- gosta de conviver com pessoas mais velhas ou adultos, com quem pode interagir em nível semelhante;
- pode apresentar talento incomum para expressar-se artisticamente;
- tem senso de humor mais adulto e sofisticado, usa ironia e sarcasmo com propriedade.

...talvez esteja diante de um indivíduo talentoso, com alto potencial ou superdotado.

Superdotados são diferentes?

Sim, eles são. São mais em quase tudo: mais curiosos, intensos, desafiadores, questionadores, frustrados, sensíveis ou apaixonados. Eles sabem mais, aprendem mais rápido e sentem com maior profundidade.

Como os resultados escolares são sempre muito valorizados, pais e professores apreciam e aprovam as diferenças do seu desempenho nas obrigações acadêmicas, mas gostariam que a criança superdotada fosse perfeitamente normal em todos os aspectos. Muitos educadores, para se sentirem mais tranquilos, afirmam que são alunos como todos os outros, que não percebem diferenças, que somente são muito esforçados, estimulados ou inteligentes.

A dúvida para reconhecer se um aluno é inteligente, esforçado ou superdotado dá margem a muitas questões. O Quadro 3 mostra a diferença existente entre as atitudes de um aluno inteligente e outro superdotado e pode ajudar o reconhecimento dos estudantes que, embora apresentem resultados acadêmicos semelhantes, possuem potencial intelectual inteiramente diverso.

Quadro 3 – Alunos inteligentes e superdotados – diferenças

Aluno inteligente	Aluno superdotado
Sabe as respostas, responde às perguntas.	Faz perguntas, questiona as respostas.
É interessado.	É extremamente curioso.
Presta atenção.	Não presta atenção, mas sabe as respostas.
Gosta da escola; completa as tarefas.	Gosta de aprender; inicia projetos.
Aprecia companheiros de mesma idade.	Prefere adultos ou companheiros mais velhos.
É bom em memorização.	É bom em supor, adivinhar, levantar hipóteses.

(continua)

(Quadro 3 – conclusão)

Aluno inteligente	Aluno superdotado
Atento, esforça-se e estuda bastante.	Observador sutil, envolve-se física e mentalmente.
Ouve atenciosamente.	Mostra opiniões determinadas.
Entende conceitos; é técnico.	Constrói abstrações; é inventor.
Satisfeito com sua aprendizagem.	Altamente crítico consigo e com os outros.
Procura soluções claras e rápidas.	Explora o problema profundamente.
Aprende facilmente.	É entediado, já sabe os conteúdos.
Compreende rapidamente.	É extraordinariamente intuitivo.
Absorve informações; é receptivo.	Manipula informações; é intenso.
Gosta de terminar um projeto.	Desfruta mais o processo do que o produto.

Fonte: GALBRAITH, 2000, tradução nossa.

3.5 Diferenças importantes – nível e intensidade

> Superdotados entendem "ao pé da letra" e nos fazem refletir como usamos as palavras sem analisar o seu verdadeiro sentido. No restaurante, a menina encontrou um pedaço de osso de frango junto com a carne e a mãe explicou que devia deixar "no canto do prato". Momentos depois, ela percebeu que a filha estava rodando o prato sem saber como obedecer. Aí se deu conta de que sua ordem estava errada, pois um prato redondo não tem cantos.

Quando a temática da inclusão dos indivíduos que apresentam necessidades educacionais especiais é discutida nos vários segmentos da sociedade e espaços são ofertados para o seu atendimento e adequação, não podemos desconhecer a lacuna que ainda existe na educação dos superdotados, tanto no direito pessoal como no legal que os ampara e devem ser obedecidos. Inclusão somente se faz com integração. É impossível pensar em integração se não houver um profundo respeito às diferenças, um envolvimento com o assunto e uma enorme disponibilidade para estudar e aprender.

Há diversas áreas da superdotação e os talentos estão presentes em todos os grupos culturais, camadas econômicas e campos do desempenho humano. Alguns aspectos da superdotação representam um desafio real para os profissionais, mas devemos ter em mente que superdotados são indivíduos normais, embora não sejam comuns. Não são superiores, apenas diferentes. Essa diferença precisa ser reconhecida, valorizada e respeitada no âmbito pedagógico.

De forma geral, todas as crianças desenvolvem, na convivência social, familiar ou escolar, algumas qualidades que são similares e outras que são únicas. Os superdotados apresentam certas habilidades em níveis consistentemente superiores quando comparados com a média da mesma idade e experiência, em qualquer campo do saber ou do fazer.

Ao verificarmos que existe uma área expressivamente superior à média, a possibilidade de superdotação já pode ser considerada, embora os superdotados demonstrem, quase sempre, habilidades superiores em mais de uma área.

Os pontos em que eles se destacam, ironicamente, são os que os distanciam de seus colegas. Para ter uma noção desse processo, considerando apenas um segmento da capacidade humana, podemos tentar analisar, por exemplo, o que significa para uma criança já ter dominado a leitura aos quatro anos. Não é somente possuir uma habilidade que outras ainda não têm, pois saber ler mudará sua vida significativamente. Ela terá acesso a informações, ideias, histórias e descrições. Seu mundo será ampliado para além do núcleo familiar e escolar; ela será exposta a pensamentos, sentimentos e imaginação de um escritor adulto, trazidos de um outro tempo ou local. Como resultado, seu raciocínio e compreensão estarão muito à frente dos de outras crianças.

A leitura não é uma habilidade motora como amarrar os sapatos. É um profundo despertar. Rapidamente a criança superdotada vai descobrir que seu vocabulário enriquecido dificulta a comunicação com os colegas e começará a buscar companhia de pessoas mais velhas. Não somente a inteligência, mas a diferença de interesses, atitudes, motivação, determinação, curiosidade, percepção ou criatividade são qualidades que favorecerão o isolamento em determinadas ocasiões.

Como a superdotação é uma condição que o indivíduo possui, que conhece bem e que vai acompanhá-lo durante a vida, a exigência de enquadramento ao que se considera como normalidade pode precipitar sentimentos de falta de autoconfiança ou perda da autoestima e, na vida adulta, a tentativa de fraudar ou esconder habilidades para se adequar às expectativas sociais.

Frequentemente os superdotados são notados pela grande intensidade que apresentam em quase todos os aspectos de comportamento e personalidade, quando comparados a seus colegas. Eles, normalmente, estão além da média no seu saber, independentemente do aspecto considerado, apesar de existir sempre a ideia de que esse saber está mais direcionado para a realização acadêmica. Na verdade, percebem tudo com maior amplitude, pois sabem mais e mais cedo a respeito da vida, da justiça, da moral, do certo e do errado. Aprendem muito mais rápido, percebem detalhes e conseguem decodificar o que não foi dito ou escrito.

MITO – NÃO SE DEVE DIZER À CRIANÇA QUE ELA É DIFERENTE (Alencar; Fleith, 2001)

Negar à criança o direito de confirmar algo que ela já sabe fere os direitos humanos e principalmente o compromisso com a verdade, princípio básico para a formação do ser humano (Pérez, 2003). Há receio por parte de pais e professores em dizer para o aluno que é inteligente, pois ele pode ficar convencido ou ser isolado pelos colegas. Todavia, crianças superdotadas são mais atentas e percebem rapidamente seu ritmo de pensar, aprender e concluir; sua diferença de interesses e resultados. Curiosamente, quando crianças e jovens são informados sobre sua capacidade diferenciada, ficam mais tolerantes e aceitam seus colegas de menor potencial.

A superdotação é demonstrada por um conjunto de habilidades e comportamentos que são desenvolvidos de forma quase individual e muito heterogênea. Assim sendo, podemos compreender que há fatores que agrupam os superdotados dentro de suas características. Os dois aspectos que consideramos mais importantes são os que os situam em níveis variados de superdotação e os que enfocam a grande sensibilidade aos estímulos externos.

3.5.1 Níveis de superdotação

> Será fácil considerar o nível avançado de um superdotado quando você se deparar com um aluno de sete anos que não concorda com a resposta de um teste.
>
> A pergunta é: "O que sai do casulo?" e, entre três alternativas, para a escolha da resposta, está o resultado esperado – "borboleta". Essa criança afirma que a resposta está errada, "porque as TRAÇAS é que saem do casulo, enquanto as borboletas emergem das CRISÁLIDAS!".

O potencial, as habilidades, a capacidade, a destreza e a aptidão são elementos que podem ser encontrados em vários níveis de competência e desenvolvimento. Da mesma forma, a superdotação pode ser escalonada em vários estágios, pois a inteligência superior não é fixa nem estática. Ela está presente em um movimento de construção e desenvolvimento contínuos.

Na identificação do potencial, infelizmente, não existe uma linha mágica que possa delimitar onde começa a superdotação ou que demarque os vários níveis da inteligência humana.

Os padrões estabelecidos para separar os níveis da superdotação, na maioria das vezes, são baseados na pontuação dos testes formais de inteligência. Como os testes avaliam apenas alguns aspectos intelectuais e de desempenho e seus escores alcançam até um determinado limite, os resultados finais não representam todas as habilidades. Há muitos outros aspectos no desenvolvimento avançado de uma criança. Há o desenvolvimento intelectual em algumas habilidades que podem ser avaliadas pelo teste de QI. Entretanto, existe o desenvolvimento físico (coordenação motora), o desenvolvimento socioemocional e o desenvolvimento espiritual. Todos esses aspectos do desenvolvimento são parte das características da criança superdotada (Carolyn, 2005).

As classificações determinadas nos manuais dos testes psicométricos normalmente não utilizam a palavra *superdotação* e não são esclarecedoras quando os níveis intelectuais extrapolam a limitação numérica estipulada pelo teste.

Para denominar os níveis da superdotação, alguns termos têm sido mais usados, mas entre os autores há discrepância nas faixas de sua abrangência, pois há variação nos instrumentos utilizados para o resultado do escore obtido.

Apresentamos a seguir um quadro comparativo que ilustra essa variação.

Quadro 4 – Variações em instrumentos de avaliação da superdotação

Segundo Gross			Segundo Ruf		
Níveis de superdotação	Score	Frequência	Níveis de superdotação	Score	Frequência
Média superior	115-129	>1:40	Moderadamente superdotado/ Superdotado	120-129 125-129*	1:50
Moderadamente superdotado	130-144	1:40 a 1:1000	Moderadamente superdotado	130-135	1:1000
Altamente superdotado	145-159	1:1000 a 1:10.000	Altamente superdotado	136-140	1:10.000
Excepcionalmente superdotado	160-179	1:10.000 a 1:1 milhão	Excepcionalmente p/ Profundamente superdotado	141 +	1:30.000
Profundamente superdotado	180 +	1:1 milhão para +	Excepcionalmente p/ Profundamente superdotado	141 +	1:3 milhões

Fonte: GROSS, 2000; RUF, 2005; RUF et al., 1976.

*Nota: Podem ocorrer variações nas escalas de acordo com a legislação do Estado em questão (EUA).

Alunos **moderadamente superdotados** tendem a se sair bem na sala de aula comum, com desafios adicionais e enriquecimento curricular ou aceleração. Alunos **altamente superdotados** podem estar na sala de aula comum, mas, fora da escola, precisam de mais aprofundamento nos conteúdos ou de atividades que proporcionem desafios compatíveis com o que já sabem, bem como respeitem um ritmo diferenciado. Pode ser considerada a necessidade da progressão para uma série mais avançada. Alunos superdotados são diferentes não somente na rapidez de sua aprendizagem, mas por seu profundo interesse e nível de compreensão. Essas diferenças devem ser observadas para o sucesso educacional.

Alunos **excepcionalmente e profundamente superdotados** frequentemente necessitam de mais e podem sair-se bem na escola se for usado o recurso da aceleração, combinando o avanço de nível acadêmico, o enriquecimento de conteúdos e a adequação curricular com atividades específicas em grupos de mesmo interesse ou salas especiais. Geralmente, não encontram essas possibilidades, desestimulam-se ou desistem da escola, podendo, em algum momento de sua vida, preferir estudar em casa ou em programas a distância. Isso não é uma norma, mas algumas vezes os pais não vislumbram outra opção. E essa pode ser a melhor alternativa para algumas crianças.

3.5.2 Sensibilidade a estímulos externos

> A criança de um ano e meio tem um amigo imaginário que vive em seu armário e descreve, com precisão, como ele se parece, do que gosta, come, com que prefere brincar e pode manter-se entretida por horas, conversando – aparentemente sozinha.

A intensidade emocional e a alta sensibilidade são traços de personalidade frequentemente associados à superdotação. É natural para um superdotado, criança ou adulto, experimentar sentimentos profundos que fazem com que as emoções sejam vivenciadas com grande intensidade.

Junto a uma imensa gama de conhecimento, associações e detalhes que vão sendo armazenados, quase sempre possuem uma sensibilidade que pode se distribuir em sensações físicas e emocionais, por meio das quais fazem uma leitura de mundo muito melhor do que as outras pessoas.

Existem alguns estudos produzidos para analisar indivíduos excepcionais na tentativa de discernir a extensão e a importância de suas ações e os traços de sua personalidade.

Dabrowski*, psicólogo e psiquiatra polonês, durante a Segunda Guerra Mundial, foi aprisionado, torturado e proibido de continuar sua prática profissional; essa confrontação com a morte, o sofrimento e a injustiça, aliada ao desejo de entender o sentido da existência humana, deu início ao desenvolvimento de sua teoria da desintegração positiva (Silverman, 1993).

Rejeitando, desde jovem, a crueldade e a duplicidade que via ao seu redor, o psicólogo buscou estudar a vida de líderes morais da humanidade, artistas, cientistas e também de jovens intelectualmente e criativamente superdotados. Dessas observações, estabeleceu as bases de uma teoria em que propõe que o desenvolvimento avançado requer a desorganização nas estruturas psicológicas existentes para a construção de estruturas superiores mais evoluídas. A desintegração positiva acontece com a descrença do modo de pensamento corrente e a disposição de estar no mundo a serviço de maior solidariedade, benevolência, integridade e altruísmo; isso é marcado por uma exaltada criatividade (Dabrowski; Piechowski, 1977).

Dabrowski teoriza que a intensidade, comumente observada em pessoas superdotadas, é resultado do que chama de *superexcitabilidade/superestimulação* (*overexcitability*), a excessiva capacidade de responder a estímulos de vários tipos (Dabrowski; Piechowski, 1977; Smutny, 2003). Esse estudioso determinou cinco áreas de excitabilidade – psicomotora, sensorial, intelectual, imaginativa e emocional – fornecendo uma extraordinária linguagem aos educadores para observarem e entenderem os caminhos complexos pelos quais os alunos superdotados experimentam, interpretam e respondem ao mundo ao redor deles. A denominação de *superexcitabilidade* tem uma conotação positiva: significa uma extraordinária capacidade de preocupação e cuidado, insaciável amor por aprender, imaginação brilhante e energia infinita (Silverman, 1993).

---

* Kazimierz Dabrowski (1902-1980): psicólogo e psiquiatra polonês que propôs a teoria da desintegração positiva, a qual continua sendo estudada por Michael Piechowski.

Essa reação de estímulo-resposta é muito diferente da norma. Significa que, nessas cinco áreas, a pessoa reage com grande intensidade, por um período maior do que o normal, a um estímulo que pode parecer muito pequeno ou imperceptível aos outros.

Esses expressivos níveis de sensibilidade não desaparecem com a idade. Adultos superdotados mantêm suas características emocionais e, quase sempre, são vistos como "muito sensíveis".

Meckstroth, revisando o trabalho de Dabrowski, faz uma analogia útil para entendermos: "muitos de nós estamos aptos para sintonizar apenas cinco canais; outros vêm equipados com conexão via cabo; alguns têm sinalização via satélite – eles recebem e respondem sinais de cuja existência as pessoas não estão conscientes" (Meckstroth, 1998, tradução nossa).

Superdotados possuem essa si, tradução nossantonia fina ou hiperconsciência, que lhes permite perceber coisas que os outros não sentem, imaginar coisas que não ocorrem a seus amigos e sentir emoções conflitantes, embasadas em uma profunda compreensão das implicações morais de cada situação (Smutny, 2003).

Após décadas de pesquisa, parece que a superexcitabilidade pode ser um importante indicativo para prognosticar crianças potencialmente superdotadas. Entretanto, essas mesmas características de extrema percepção, sensibilidade e capacidade imaginativa, incluídas nas áreas de superexcitabilidade, estão sendo utilizadas para detectar ou diagnosticar problemas cerebrais.

A descrição das características inerentes ao estímulo intensificado nas diversas áreas facilita a identificação e o reconhecimento de muitos indivíduos superdotados. Entretanto, o mais importante é deixarmos claro o porquê da grande heterogeneidade existente entre eles.

- Psicomotora – Possuem alta energia, necessidade de muito movimento, participa de esportes; fala rapidamente, gesticula muito; têm entusiasmo marcante, necessidade de ação; compulsão por organização e trabalho; impulsividade ou tiques nervosos. Alguns indivíduos têm problemas para diminuir a atividade cerebral e conseguir dormir.

- Sensorial – Alta excitabilidade em aspectos ligados aos sentidos; grande sensibilidade estética para apreciar e se comover com o belo;

sensibilidade sensorial ao toque, texturas, cheiro, gosto, sons. Podem, também, apresentar forte reação à exposição sensorial negativa, como mau cheiro, som alto, gosto desagradável. Algumas crianças são sensíveis às luzes brilhantes (piscam em todas as fotos de família), a ruídos ou ambientes tumultuados (Tolan, 1999).

- Intelectual – Identifica as características mais conhecidas da superdotação. Pessoas com mente incrivelmente ativa têm grande capacidade de concentração, introspecção e curiosidade; são leitores vorazes, com pensamento teórico e analítico muito desenvolvido, têm paixão por teoria e análise; habilidade em planejar com detalhes; altos esforços intelectuais. Não deve ser confundida com inteligência, pois nem sempre pessoas inteligentes são intelectuais.

- Imaginativa – Fazem uso de imagens e metáforas, têm facilidade para invenções e fantasias; podem brincar com a imaginação, sonhar acordado, sonhar colorido, fazer ricas associações de imagens e impressões. Facilidade para visualização, detalhes, percepção dramática ou poética. Quase sempre as crianças misturam ficção com realidade ou criam um mundo particular para fugir da monotonia e aborrecimento. Acham difícil permanecer na sala de aula, onde criatividade e imaginação são secundárias; escrevem histórias ou desenham, em vez de fazer as tarefas ou participar das discussões (Lind, 2002).

- Emocional – A alta excitabilidade emocional é a primeira a ser notada pelos pais. Refletida por sentimentos exaltados e intensos, emoção extrema, identificação com os sentimentos dos outros e fortes expressões afetivas. Respostas físicas como se ruborizar, ter dor de estômago e preocupações a respeito de morte e depressão (Piechowski, 1991). Intuição com alta sensibilidade, significando estar felicíssimo, quando feliz; tristíssimo, quando triste; irritadíssimo, quando irritado. Grande intensidade emocional, com sentimentos positivos ou negativos; solidão e sentimento de inadequação ou inferioridade. Têm notável capacidade para profundos relacionamentos e mostram fortes ligações emocionais com pessoas, lugares e coisas (Dabrowski; Piechowski, 1977).

A criança supersensível a estímulos tem uma energia abundante nos aspectos físico, sensorial, criativo, intelectual e emocional. A intensidade desses aspectos, especialmente o imaginativo, o intelectual e o emocional, é positivamente relacionada com o desenvolvimento emocional avançado na vida adulta (Silverman, 2001).

RELACIONANDO A TEORIA COM A PRÁTICA

A *capacidade de responder rápida e excessivamente a estímulos sensoriais de vários tipos e as cinco áreas de excitabilidade estudadas por Dabrowski tornam mais fácil a identificação dos superdotados, principalmente os adultos ou aqueles que procuram adequar-se ao meio e camuflam suas diferenças. As listagens de características dos superdotados parecem mais direcionadas ao reconhecimento de crianças em idade escolar, fazendo com que os adolescentes e adultos, quando apresentam comportamentos diferenciados, sejam encaminhados para profissionais da área da saúde.*

A *conduta gerada pela hiperconsciência, que possibilita a alguns superdotados perceber coisas que os outros não sentem, quando mostrada na prática, pode clarificar e auxiliar a sua identificação.*

Psicomotora *– Crianças que nunca ficam tranquilas são ativas, estão sempre se mexendo e gostam de movimento. Pensam rapidamente, atropelam ou cortam palavras, tanto no discurso falado como no escrito. Podem ter gagueira e sono movimentado. Podem falar constantemente, e os adultos sempre mandam que fiquem quietas. Essas crianças têm potencial para um diagnóstico equivocado de transtorno de déficit de atenção com hiperatividade. Manifestam, desde cedo, resistência para dormir e aparente menor necessidade de sono. Na vida adulta, alguns dormem muito pouco, consideram perda de tempo ficar dormindo, rabiscam ou desenham enquanto os outros falam, não têm paciência para reuniões demoradas, viagens longas e, no cinema ou teatro, são os que já sentam perto do corredor e precisam andar no intervalo.*

Sensorial – São pessoas que gostam de certas texturas, precisam tocar tudo – "ver com as mãos". Gostam de cheiros particulares, como tinta e terra molhada, conseguem identificar odores e perfumes, até cheiro da ração na carne de frango. Têm grande sensibilidade cutânea, cortam as etiquetas das roupas, sofrem se a costura da meia está torcida e preferem roupas confortáveis e macias. Na infância não engatinham, não toleram andar descalças em terrenos com grama ou areia e queixam-se de dor para cortar as unhas. São os bebês que podem chorar quando o vento bate em seu rosto, jogar longe as cobertas, não aceitar certas roupas, porque "espinham" ou são de aspecto desagradável. São capazes de ter reação violenta a barulhos, alergia a alguns alimentos com corantes ou conservantes, intolerância à proteína animal e reações a picadas de insetos. A percepção do gosto é apurada e certas comidas causam náuseas. A área sensorial é muito perceptível nas crianças, pois elas externam mais suas reações e de forma bem incisiva.

Imaginativa – É comum em superdotados que misturam realidade com ficção e mostram grande senso de humor. Na infância têm amigos imaginários, enxergam vultos ou pessoas que ninguém percebe e lembram de vidas passadas. Falam de si como se contassem uma história, têm dificuldade para expressar sentimentos ou pensamentos usando palavras, porque pensam com imagens. Podem ter sonhos muito reais, pesadelos ou sonambulismo. Lembram-se dos sonhos e frequentemente reagem a eles. Acreditam em mágica e gostam das fantasias (demoram em abandonar a "fada do dente", duendes, Papai Noel).

Intelectual – Está correlacionada com as características da superdotação intelectual. São pessoas que têm ansiedade por aprender e curiosidade precoce a respeito de tudo. Nas crianças é perceptível o raciocínio de investigação e probabilidades, a capacidade de fazer cálculos mentalmente e de abstração. Mostram preocupações sobre preservação, ecologia, aspectos das ciências. Os pais notam que, em viagens, o filho pode passar 200 km contando em inglês para ver até que número chega.

Emocional – Necessidade de fazer conexões com os outros, com animais e demais seres da natureza. Na impossibilidade de fazer amizades próximas e profundas, recorrem a amigos imaginários, animais de estimação ou brinquedos (urso de pelúcia). Brincam conversando e expressando o que sentem; falam sozinhas e fazem avaliações críticas de si mesmas. Choram muito, comovem-se, sofrem pelos outros e, na ansiedade, podem ter insônia, bruxismo e se queixar de dores sem causa detectável. Crianças altamente excitáveis são extremamente conscientes de seus sentimentos e das mudanças decorrentes do crescimento. Precisam sentir compromisso nos relacionamentos e sentem-se traídas se um amigo brinca com outra criança.

Capítulo

4

4 Considerações sobre os procedimentos de identificação

> Em um dia chuvoso, Tais (6 anos) queria ir com o pai à padaria
> e, quando a mãe avisou que ela não deveria ir porque ia "tomar"
> chuva, recebeu a resposta:
> — Não se preocupe, eu vou com a boca bem fechada.

Inúmeras características nos levam à identificação dos superdotados, mas, para que isso se efetive, é necessário que queiramos encontrá-los, saibamos quais qualidades buscar e que nos dispamos dos preconceitos e mitos que existem pela falta de informação a respeito. De modo geral, é mais fácil apontar o que uma criança não faz do que elogiar o que ela está realizando bem, entretanto, deve-se ponderar que superdotação não é algo que o indivíduo faz, mas algo que ele é.

Podemos dizer que identificar superdotados é quase como tentar analisar uma sinfonia – somos cercados por um amplo espectro de qualidades e detalhes.

Os superdotados são um enigma, pois diferem uns dos outros muito mais do que se parecem. Os indicativos que ajudam a identificar uma criança superdotada podem ser opostos para definir outra.

Indivíduos com mesma capacidade intelectual têm diferenças de interesses, personalidade, habilidades e temperamento. Cada superdotado é um universo heterogêneo e complexo. A atividade cerebral que o impulsiona intensifica tudo o que vê, faz ou sente. Essa intensidade fornece energia para sua inteligência e suas habilidades, aumentando e expandindo cada vez mais suas capacidades (Smutny; Walker; Meckstroth, 1997).

Os diferentes traços que identificam os indivíduos superdotados correspondem a características psicológicas e habilidades que estão em contínua variação. Essas características existem em níveis distintos, em todos os seres humanos, diferindo em intensidade de indivíduo para indivíduo. Entre os superdotados, as habilidades também se apresentam de modos distintos e, no processo de identificação, precisamos levar em consideração essas variáveis (Feldhusen; Baska, 1985).

Na identificação, uma das concepções amplamente estudadas é o modelo desenvolvido por Renzulli e Smith, em 1980, no qual, a partir da análise de uma amostragem feita com indivíduos criativos e produtivos, foi constatado que aqueles que se destacam por contribuições significativas mostram um conjunto de três aspectos em que se sobrepõem: habilidade acima da média, criatividade e envolvimento com a tarefa. Na concepção de Renzulli, somente uma habilidade superior não é considerada um indicativo suficiente; precisa haver, também, grande motivação para usar a habilidade, devendo ser expressa de modo criativo ou em um grau incomum (Webb; Meckstroth; Tolan, 1995).

A ilustração do modelo é feita por uma figura composta pela interseção de três círculos, por isso a representação criada por Renzulli é chamada de *modelo dos três anéis*. Com base nesse instrumento, uma criança só será indicada para participar de programas para superdotados quando esses três elementos se sobrepuserem substancialmente.

Figura 6

Modelo dos três anéis

Fonte: RENZULLI, 1998, tradução nossa.

Por insistir em uma clara demonstração da superdotação, se usarmos, unicamente, o modelo de Renzulli, poderemos negligenciar algumas crianças superdotadas que, por várias razões, estão impossibilitadas ou pouco dispostas a mostrar os talentos da forma como estão sendo medidos. Há o caso de crianças com paralisia cerebral, dificuldades de aprendizagem ou deficiências de visão e audição que frequentemente não são identificadas como superdotadas, mesmo que apresentem altas habilidades em algumas áreas.

O modo de identificação criado por Renzulli é amplamente aceito e está sendo adotado em vários países. Enfatiza o desempenho demonstrado na sala de aula e tem servido de roteiro para profissionais e escolas que iniciam o estudo da superdotação. Entretanto, ao optar por ele, os educadores precisam também considerar que nem todas as crianças aprendem do mesmo modo ou têm o mesmo tipo de inteligência.

MITO – SUPERDOTADOS NÃO PRECISAM SER IDENTIFICADOS

Esse mito muitas vezes se origina em preconceitos político-ideológicos. Thomas Jefferson, ex-presidente dos Estados Unidos, uma vez declarou: "nada é mais desigual do que igual tratamento para pessoas diferentes", o que deixa claro que as pessoas devem ser atendidas na medida de suas necessidades. Os superdotados precisam ser identificados para que possamos conhecer suas necessidades, discernir as estratégias pedagógicas que devem ser implementadas e estruturar os recursos que terão de ser disponibilizados para esse fim, pois, para um atendimento adequado, saber a quem se destina é uma condição essencial. (Pérez, 2003)

No Brasil, a falta de capacitação dos educadores para identificar os alunos com inteligência superior revela-se uma das maiores dificuldades para o desenvolvimento de ações dirigidas aos superdotados. Os estabelecimentos de ensino normalmente têm instrumentos e recursos para auxiliar os alunos com baixo rendimento acadêmico, e a maior preocupação dos educadores é com aqueles que estão constantemente perturbando o trabalho escolar. Muitas vezes, eles são encaminhados para profissionais de outras áreas, quase sempre com o intuito de encontrar um diagnóstico e soluções que não incorram em compromissos pedagógicos. Entretanto, no caso dos superdotados, não se percebe cuidado especial, principalmente se o aluno não causa problemas e cumpre as obrigações escolares.

Seria desejável que a formação profissional do professor incluísse conteúdos específicos na área da educação especial e da superdotação. Mesmo com essa lacuna, os professores do ensino regular têm assumido a grande responsabilidade de atender às necessidades afetivas e cognitivas desses estudantes e seriam altamente beneficiados com o conhecimento de procedimentos básicos de identificação e alternativas adequadas de ensino. Esses profissionais sofrem o maior impacto pela falta desse conhecimento, pois com a devida orientação teriam segurança para adaptar e enriquecer o currículo, organizar programas de atendimento e saber quando devem encaminhar os alunos para um trabalho de aprofundamento individualizado.

Algumas estratégias de ensino-aprendizagem que facilitam o reconhecimento dessas habilidades podem ser incluídas no trabalho das classes, o que, além de promover um enriquecimento adicional, trará benefícios e poderá melhorar o ensino para todos os alunos.

Mesmo que a escola ainda não promova programas específicos para alunos superdotados, é indispensável que os professores saibam como reconhecer e identificar habilidades especiais e que possam desenvolver ações pedagógicas adequadas. Com professores mais bem preparados, os alunos podem ser encaminhados a experiências educacionais válidas e apropriadas, correspondentes às suas necessidades.

A identificação do aluno superdotado é um procedimento pelo qual tentamos conhecer quais são os estudantes cujas habilidades, padrões motivacionais, autoestima e capacidade criativa estão tão além da média que são necessários serviços diferenciados para proporcionar desafios que venham a favorecer o desenvolvimento adequado de seu potencial.

O processo de identificação deve ser feito com o cruzamento de inúmeras informações, e devemos considerar que, para a descoberta de talentos, a princípio, a contribuição mais importante vem dos professores e dos pais.

A contribuição dos professores

A indicação feita pelo professor é um dos fatores consistentes na identificação de alunos com potencialidade para a superdotação. O professor atento desempenha um papel de grande expressão, e podemos destacar que sua avaliação e observação podem ser relevantes na informação sobre a capacidade de seus alunos.

Entretanto, a eficácia da indicação do professor ainda é limitada e discutível, a não ser que esteja associada a recursos que lhe tragam maior segurança, ou seja, feita com apoio de professores que já tenham treinamento para reconhecer os indicativos de altas habilidades e as características comportamentais do aluno superdotado. Utilizando estratégias corretas, os professores podem comprovar a conduta de superdotação de forma crescente, em um grande número de alunos. O emprego de atividades adequadas pode contribuir para a descoberta dos talentos, pois o pleno desenvolvimento das potencialidades do aluno precisa, além de oportunidades educacionais, de professores interessados e conscientes de sua responsabilidade no reconhecimento das necessidades diferenciadas dessa clientela.

A contribuição dos pais

Os pais são os primeiros professores da criança e continuam sendo seus guias e modelos durante a vida. A realidade mostra que são uma das melhores fontes de informação, dispostos a relatar os progressos, as qualidades, as dificuldades e a contar os episódios peculiares da vida de cada filho, quando sentem uma atmosfera de não julgamento.

Quando os pais levantam a possibilidade de seu filho ser superdotado, provavelmente estão corretos. Muito tem sido investigado para provar que os pais conhecem os filhos melhor do que qualquer pessoa e estão na posição mais propícia para julgar, assim como avaliar seus potenciais e habilidades.

Um estudo intitulado *Gifted Infants*, da Wright State University of Ohio, nos Estados Unidos, levantou dados com pais de crianças superdotadas formalmente identificadas investigando quando os pais suspeitaram que o filho pudesse ser "especial". O resultado foi espantoso: 83% disseram que foi antes da educação infantil e 22% perceberam (corretamente) antes do primeiro aniversário da criança (Weenker et al., 1989). Isso invalida a afirmação muito difundida de que "todo pai acha que seu filho é especial". Apesar da existência do mito, a realidade é que poucos pais desejam que seu filho seja superdotado.

MITO – SUPERDOTADOS SÃO RESULTADO
DE PAIS MUITO CUIDADOSOS

Muitas pessoas culpam os pais pelas habilidades de seus filhos, afirmando que superdotados são "fabricados" por pais superzelosos, concentrados nos resultados dos filhos. Fazem advertências de que os pais não devem "empurrar" demais o filho, mas deixá-lo ter uma infância normal, senão perderão o interesse em realizações posteriores (Winner, 1998). *Quase sempre ouvimos educadores e psicólogos afirmarem que a criança está "queimando etapas" e que poderá vir a ter problemas nas séries posteriores, caso antecipem algumas competências. Constatamos, nessa colocação, uma falha do curso de graduação, que omite ou, ainda, não admite incluir conteúdos sobre a superdotação. A criança superdotada passa mais rapidamente por fases do desenvolvimento e, no relato das famílias, vemos o quanto são forçadas a se envolverem, quando têm uma criança superdotada. Não são eles que "puxam" a criança, mas, sim, são constantemente "empurrados" por ela, na procura de oferecer um ambiente estimulante e livrá-la do desestímulo e da frustração.*

Os pais possuem um grande número de informações aplicáveis no processo de identificação. Podem não ter conhecimento técnico, mas sabem muito a respeito de habilidades, motivações, autoconceito e capacidade criativa dos filhos. Além disso, presenciam o dia a dia dos trabalhos escolares, muitas vezes restritos e inadequados para o desenvolvimento da criança, observam seu comportamento em situações diversas e mais livres. Frequentemente têm informações ignoradas pelos professores, mas que são extremamente válidas no processo de identificação.

Pela heterogeneidade encontrada nos superdotados, os procedimentos para sua identificação variam muito, desde os mais simples aos mais sofisticados. Contudo, a combinação das técnicas de observação – o levantamento de indicativos feito pelo professor, a avaliação dos pais, a autoavaliação do aluno, a análise de sua produção e a indicação dos colegas – tem se mostrado a forma mais eficiente.

RELACIONANDO A TEORIA COM A PRÁTICA

Quantos são os superdotados?

Do ponto de vista psicométrico, utilizam-se apenas testes de inteligência. O teste WISC, por exemplo, situa o QI médio em 100 pontos. Consideram-se apenas os talentos que se destacam por suas habilidades intelectuais ou acadêmicas – o equivalente aos dois primeiros grupos de habilidades listadas na definição brasileira para a superdotação. Nessa perspectiva, estima-se que entre 2 a 3% dos indivíduos de uma dada população sejam superdotados. Porém, quando incluímos outros aspectos à avaliação de superdotados, como liderança, criatividade, competências artísticas e psicomotoras, as estatísticas sobre altas habilidades aumentam significativamente, chegando a uma porcentagem de 15 a 20% da população. (RENZULLI; REIS, 1986, tradução nossa)

Gráfico 1 – Distribuição dos quocientes de inteligência

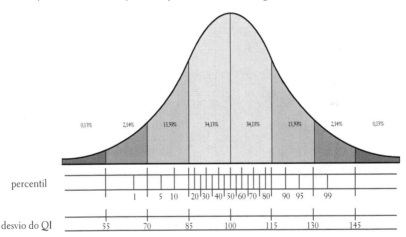

Fonte: RENZULLI; REIS, 1986, tradução nossa.

4.1 Validade dos testes formais

> Nick (3 anos) e os pais chegam para entrar no carro e percebem que o vidro foi quebrado e o rádio roubado. Diante do nervosismo, da confusão e daquela situação inesperada, ela simplesmente faz um comentário:
> — Pai, provavelmente quem levou seu rádio não tinha um e precisava dele... e também ele não fumava, pois não levou seu cigarro.
> A profundidade da capacidade de análise de uma criança não pode ser avaliada utilizando testes formais.

A princípio, acreditou-se que o resultado do quociente de inteligência permanecia imutável durante a vida. Hoje sabemos que a inteligência agrega um conjunto de fatores ativo e complexo, muito longe de permanecer estático. O próprio quociente de inteligência, determinado pelos testes, não é estável, estando sujeito a alterações, principalmente em crianças muito pequenas (Landau, 2002).

Algumas habilidades são avaliadas com menor profundidade ou não são incluídas nos instrumentos formais e, normalmente, os resultados não mostram como uma pessoa é criativa ou original, como também não dimensionam sua vontade e interesse em aprender, seu senso de humor, fluência, flexibilidade, persistência ou astúcia. Os testes de inteligência medem o potencial e a atuação do indivíduo como se apresenta no momento da testagem, entretanto, nem todas as pessoas estão tranquilas, controladas, sem problemas e com boa saúde o tempo todo; esses fatores podem alterar expressivamente os resultados.

Além desse aspecto, observamos que as mudanças ambientais ou perdas podem causar flutuações descendentes nos escores dos testes de inteligência. Algumas situações comuns na vida familiar afetam os resultados, principalmente durante a infância, como a mudança de sala de aula (consequentemente de amigos), de escola ou de cidade; nascimento de irmãos; separação ou divórcio; doença na família ou morte de algum parente. Também os distúrbios emocionais, medo da situação de ser testado, enfermidades que estejam afetando o desempenho ou falta de estímulo intelectual são fatores de alteração nos resultados.

O meio ambiente tem um impacto cumulativo sobre o desenvolvimento intelectual. Como já vimos, essa é uma das explicações para a amplificação da inteligência, que vai sendo formada com o passar dos anos e que pode ser ampliada pelo incentivo da educação, como pode ser dificultada por negligência e despreparo.

É possível notar um aumento significativo na inteligência, especialmente em crianças menores, como consequência de maior apoio emocional e estímulo intelectual. Nesses casos, os resultados dos testes podem apresentar um aumento de 10, 20 ou mais pontos percentuais (Webb; Meckstroth; Tolan, 1995).

Os testes individuais de inteligência, ainda usados com bastante frequência para crianças, são o *Wechsler Intelligence Scale for Children – Revised* (WISC-R) aplicado a partir dos 6 anos de idade e o *Wechsler Pre-School and Primary Scale of Intelligence – Revised* (WPPSI-R) para a faixa de 4 a 6 anos de idade. Eles medem os aspectos verbais da inteligência (QI verbal), separadamente da inteligência visual e espacial (QI de desempenho).

No Brasil, está sendo utilizada a última versão traduzida da Escala Wechsler – conhecida como WISC-III. Essa escala, desde sua criação, sempre foi indicada para avaliar crianças e jovens com inteligência perto da média e não para aquelas que estão fora dessa faixa (deficiência ou superdotação). De fato, David Wechsler, o próprio criador do teste, assumiu que essas escalas são feitas para pessoas cujo escore do QI esteja entre 70 e 130, pois são testes clínicos, inadequados para a superdotação (Osborn, 2008).

Nesse instrumento, há alguns subtestes que não se mostram apropriados para a avaliação da superdotação e o limite da abrangência do escore total pode chegar em um QI = 150, mas sem uma grande precisão, motivo pelo qual, nos Estados Unidos, a testagem psicométrica dos superdotados é feita com a comparação de resultados, principalmente entre a Escala Wechsler – WISC-III ou IV e do *Stanford-Binet Intelligence Scale* (sem similar em nosso país).

Mesmo sendo muito utilizados, sabemos que os testes de inteligência, de forma geral, tendem a ser menos precisos no reconhecimento do alto potencial, principalmente para estudantes cuja área de habilidade predominante não é a verbal ou para aqueles com elevado nível de pensamento criativo ou habilidades artísticas. Em alguns subtestes há um tempo determinado de realização. A pressão e tensão que isso provoca na situação de avaliação não favorecem que as crianças superdotadas, muito sensíveis ou extremamente responsáveis, possam alcançar resultados acurados.

Esse fato instiga as seguintes questões:

- Como garantir a precisão dos testes de inteligência, se esses instrumentos não esclarecem nem mesmo os princípios do que é inteligência?
- Como os profissionais podem avaliar, com segurança, uma capacidade que não sabem conceituar?
- Pode um teste, usando como recursos apenas lápis e papel, medir todas as habilidades relacionadas ao cérebro?
- Como identificar outras capacidades, tais como cantar, tocar um instrumento, escrever poesias ou obras literárias, inventar novos produtos, liderar grupos?

Entre os testes que medem QI, o mais indicado para os alunos superdotados de forma geral, mas especialmente para os de populações menos representadas, como crianças do meio rural ou bilíngues, é a última versão do *Raven Standard Progressive Matrices* (Matrizes Progressivas de Raven). Por ser um teste não verbal, o domínio correto da linguagem ou o conhecimento do idioma não interferem nos seus resultados e pode ser usado com crianças, adolescentes e adultos. Foi desenvolvido por John C. Raven, na Universidade de Dumfries, Escócia, sendo padronizado e publicado em 1938. É um teste de múltipla escolha, no qual predomina o raciocínio abstrato e mostra a capacidade do indivíduo para observar, resolver problemas e aprender. Pode ser usado para indicar o potencial de um candidato para sucesso profissional, administração e alcance de posições técnicas que requerem pensamento claro, identificação de problemas e monitoramento de tentativas para encontrar soluções consistentes dentro das informações disponíveis.

Sua forma original, denominada *Standard Progressive Matrices – SPM*, inicialmente foi padronizada para todas as faixas de desenvolvimento intelectual. Anos depois, o autor desenvolveu mais duas escalas, delimitando sua utilização. Uma denominada de *Coloured Progressive Matrices – CPM*, para ser empregada com crianças (de 5 a 11 anos), pessoas idosas e deficientes mentais e outra, a *Advanced Progressive Matrices – APM*, para testar a capacidade intelectual superior à média em pessoas com escolaridade universitária.

No Brasil, a escala infantil é conhecida como *Matrizes Progressivas Coloridas – Escala Especial*; a escala Standard é chamada de *Matrizes Progressivas de Raven – Escala Geral*, e a versão para adultos universitários é denominada *Matrizes Progressivas de Raven – Escala Avançada*.

Os estudiosos da superdotação têm recomendado o modelo revisado, por incluir elementos de raciocínio mais complexo, para avaliar superdotados mais velhos ou adultos e para os altamente superdotados, que necessitam de uma testagem mais adequada a níveis intelectuais avançados.

A versão brasileira desse teste não esclarece sua total abrangência, e a amostragem avaliada para sua padronização não é expressiva, podendo haver distorções que comprometam os resultados. É sempre importante que seja consultada a versão original para maior precisão.

Os dados considerados em alguns instrumentos formais mensuram até certo ponto dominâncias dos dois hemisférios, uma vez que o hemisfério esquerdo é o local que envolve a maior parte das atividades refletidas pelo QI verbal, enquanto o hemisfério direito relaciona-se mais com as funções do QI de desempenho, como as relações espaciais.

Uma testagem levanta dados avaliativos consideráveis no domínio de uma impressão subjetiva, pois são adotados padrões uniformes, e o resultado é uma pontuação que permite comparar o funcionamento mental de uma criança com o de outras da mesma idade.

MITO – SUPERDOTADOS TÊM ALTO QI

Não se pode considerar escores nos testes de QI padronizados como indicadores absolutos. Trata-se de ferramentas criadas para medir o desempenho de pessoas brancas e de classe média de países desenvolvidos, uma realidade distante da brasileira. Testes-padrão medem algumas áreas da inteligência, e não a totalidade. Garrincha, atleta brilhante, quase foi cortado da seleção brasileira porque foi classificado como débil mental em um teste de QI.

O equívoco desse mito pode ser comprovado pelas dificuldades apresentadas por alguns gênios da humanidade nas áreas abordadas por esses testes.
(Pérez, 2003; Modernell; Geraldes, 1992, citados por Kruszielski, 1999)

Inteligência e desempenho (ou execução) têm significados diferentes: avaliar inteligência não é o mesmo que avaliar conhecimento. Um teste de inteligência mede o potencial de forma ampla, especificamente em algumas áreas de habilidade, e testes de execução medem como o indivíduo expressa o que aprendeu dentro daquela área limitada.

Como a ciência é um processo em constante desenvolvimento, pesquisadores defendem que as capacidades intelectuais devem ser medidas separadamente e que um único resultado não pode representar o desempenho das diferentes habilidades e a real capacidade de um indivíduo. O conjunto de fatores que compõe a inteligência humana é de natureza muito diversa. Pode se referir tanto à memorização quanto à imaginação; tanto à dedução quanto à intuição; tanto à capacidade para fazer perguntas quanto à possibilidade de encontrar as respostas; tanto à emoção quanto ao domínio de si mesmo. E, segundo cada cultura, os vários aspectos da atividade intelectual têm valorização diferente (Jacquard, 1998).

A inteligência, definida como um conjunto, é multidimensional e, como tal, é impossível de ser medida apenas estabelecendo ponderações para chegar a um valor médio e global. Não é difícil encontrarmos crianças com grande inteligência e alto QI que mostrem rendimentos escolares baixos ou medíocres e, até mesmo, baixas pontuações em testes-padrão de desempenho. São crianças que precisam de encorajamento extra ou até de ajuda profissional. Possivelmente, algo as está desencorajando ou impedindo de expressarem suas habilidades.

Essa situação pode acontecer por um problema motivacional, uma deficiência, um bloqueio na aprendizagem ou, mesmo, por um problema emocional, como depressão ou ansiedade. Pode também haver um choque entre o estilo de aprendizagem da criança e o estilo de ensinar da escola ou, em crianças de nível social mais alto, a inadequação aos materiais escolares comuns (Webb; Meckstroth; Tolan, 1995).

MITO – SUPERDOTADOS SEMPRE TÊM BONS RESULTADOS ESCOLARES

O que tem sido observado é que indivíduos superdotados podem apresentar um rendimento aquém de seu potencial, revelando uma discrepância entre a habilidade e o desempenho real (Alencar; Virgolim, 1999; Alencar; Fleith, 2001). *Muitas vezes, o aluno com altas habilidades/superdotado pode ficar desmotivado com as atividades implementadas em sala de aula, com o currículo ou com os métodos de ensino utilizados (especialmente a excessiva repetição do conteúdo, aulas monótonas e pouco estimuladoras e o ritmo mais lento da classe).*

Quando o objetivo é a identificação do potencial do aluno, é importante lembrarmos que muitas crianças superdotadas não demonstram suas habilidades pelo resultado acadêmico. Os testes de inteligência, nesse caso, não são conclusivos para a identificação de todo o potencial, sendo considerados apenas como um instrumento, dentro de um processo muito mais amplo, em que os índices quantitativos dos testes anteriormente utilizados são substituídos por uma avaliação qualitativa, que expressa, de forma mais fiel, as reais habilidades do indivíduo.

Talentos específicos e áreas de criatividade algumas vezes são confundidos com inteligência e desempenho, mas não têm o mesmo significado. Há formas de identificar talentos em música e outras áreas de expressão artística e para vários campos da criatividade, interesse e liderança.

Os procedimentos e as técnicas usadas para identificar e avaliar indivíduos superdotados devem ser amplos para que suas características, nível de energia, comportamento, conclusões lógicas, velocidade de aprendizagem, diversidade de interesses e formas diferenciadas de aprender e reagir não sejam erroneamente diagnosticadas como distúrbios diversos.

Relacionando a teoria com a prática

Juan (3 anos) estava dando cambalhotas com muita rapidez, batendo com força a cabeça no gramado. Preocupado, o pai pediu que se cuidasse, pois havia "muito cérebro" dentro da cabeça dele. Sem olhar e continuando o movimento para a próxima cambalhota, respondeu, de imediato, e com o dedo em riste:

— Não, cérebro eu tenho um só!

QI e superdotação

Esses dois termos não são muito compatíveis. Alunos brilhantes que têm baixos escores nos testes de QI, normalmente, não são reconhecidos como superdotados.

Embora o teste de QI seja um instrumento psicométrico confiável e amplamente usado, não traduz a medida da capacidade intelectual geral como se acreditava até meados do século XX. Pode ser considerado como um apoio na avaliação de certas áreas, quando se trata da superdotação, mas para fazer bom uso dos dados coletados é preciso ter uma noção clara de seu alcance. Entretanto, depois de mais de um século de sua criação, a utilização está tão sedimentada na formação profissional e na cultura da avaliação que a transição de um instrumento quantitativo para informações qualitativas, requer rompimento de certas convicções, abertura e amplitude na visão da singularidade do ser humano e muito estudo.

Os próprios psicólogos que atuam com avaliação, mesmo sabedores das limitações dos testes formais, ficam muito receosos para admitir o alto potencial e a superdotação de uma criança, quando os escores não mostram uma pontuação correspondente. Percebe-se, na maior parte das vezes, que o uso do teste de QI como um dos componentes do processo de avaliação tranquiliza o profissional quando o resultado é conclusivo; quando o indivíduo superdotado mostra habilidades superiores em áreas mais específicas, as quais o teste não alcança, causa certo desconforto e insegurança para quem avalia.

O processo de avaliação do superdotado deve priorizar a flexibilidade dos instrumentos qualitativos e dinâmicos, em vez dos procedimentos tradicionais que recorrem somente aos testes psicométricos, realizados dentro de modelos clínicos e que não consideram o papel das interações e do ambiente acadêmico e familiar do avaliado. A avaliação deve enfocar as diferentes formas da expressão da superdotação, considerando que todos os instrumentos são importantes durante as etapas desenvolvidas, em procedimento organizado e consciente do que se pretende avaliar. Como se trata de um processo, seu planejamento é individual e deve ser contínuo, tendo em vista que o principal objetivo é apoiar o superdotado para que possa reconhecer e entender sua condição intelectual, ter uma noção clara e coerente do alcance de suas habilidades e de como se desenvolver do modo mais harmonioso possível. (Guimarães, 2007)

Planejar uma avaliação consistente e esclarecedora começa com a determinação das competências e habilidades a serem verificadas, a escolha de ações e instrumentos adequados às características do indivíduo e com a segurança sobre seu alcance e precisão.

Devemos estar cientes de alguns aspectos relativos ao teste de QI.

- Avalia apenas a inteligência em áreas acadêmicas – linguagem e matemática – e a velocidade de execução, deixando de lado outros aspectos da capacidade humana;
- contém perguntas cujos conteúdos estão fora do contexto das experiências reais;
- penaliza as crianças que pensam de forma criativa;
- prejudica pessoas de nível social e cultural menos favorecido;
- enfatiza mais a memória em detrimento do pensamento de ordem superior e das habilidades em solucionar os problemas;
- prejudica quem analisa as situações com profundidade, quando há questões com tempo limitado de execução;
- não consegue medir a capacidade de argumentação e mediação, a intuição e o bom senso, a iniciativa e a ética, que talvez sejam fatores mais importantes para o desempenho no trabalho e na vida.

Quadro 5 – Utilidade e limitações do teste de QI

O teste mede bem	O teste tem limitações
Aptidões relacionadas com o sucesso escolar.	Capacidades relacionadas à resolução de problemas da vida social.
Habilidade linguística.	Criatividade e originalidade.
Raciocínio lógico-matemático.	Senso comum e conhecimento informal.
Pensamento analítico.	Capacidade de liderança e sociabilidade.
Capacidade de abstração teórica.	Aptidão artística ou talento musical.
Pensamento acadêmico.	Habilidades psicomotoras.
	Motivação.
	Controle emocional.
	Desenvolvimento moral.

4.2 Identificação feita na escola

> Todos os dias, a professora verifica os cadernos para dar um visto nas tarefas dos alunos, até que uma aluna se recusa a mostrar. A professora insiste, sem sucesso, e a aluna explica:
> — Você precisa mesmo é ver a tarefa de quem não fez! Eu sempre faço, então não preciso mostrar. Estou dizendo que fiz e digo a verdade.

A identificação eficaz dos superdotados é imprescindível para que ações pedagógicas sejam realizadas para suprir suas necessidades educativas de modo satisfatório. O sistema educacional deve prever o apoio de profissionais especializados aptos para realizar processos de triagem, avaliação e encaminhamento adequados.

Com as alterações no conceito de inteligência, a identificação do superdotado na escola deve utilizar múltiplos critérios, considerando informações de fontes variadas, e não apenas os resultados acadêmicos ou o comportamento, como anteriormente pensávamos. Podemos usar instrumentos para levantar indicativos, traços dominantes e características dos alunos. Caso a escola tenha serviços de triagem e de identificação, eles serão de grande valia para facilitar a implementação de projetos enriquecedores.

Pelas dificuldades de garantir, em muitos casos, a realização da identificação para todos os alunos, a orientação é que a oportunidade de enriquecimento não seja reservada apenas aos estudantes reconhecidos como superdotados. A possibilidade de acesso a essas atividades pode ser ofertada a outros alunos, colocando em prática o conhecimento das novas teorias da inteligência, para o alcance de práticas educacionais que possam favorecer a todos os estudantes, ao mesmo tempo que estimulam aqueles que necessitam uma aprendizagem qualitativamente diferente.

Assim, o ingresso em programas ou atividades destinadas aos superdotados pode ser flexível e proporcionar aos estudantes com grande interesse, altamente motivados ou com talento específico em certa área, a possibilidade de também ter seu desenvolvimento enriquecido. Algumas vezes, a motivação torna-se mais importante do que o talento aparente e oportuniza o aparecimento e a ampliação de capacidades não identificadas formalmente.

Há vários inventários e listagens elaborados por especialistas que contêm explicações sobre características específicas, os quais permitem o levantamento de comportamentos de superdotação nos alunos. Esses instrumentos podem ser roteiros preciosos, que alertam professores e pais para as necessidades educacionais que precisam ser atendidas no contexto escolar. Servem como um inventário inicial e, por sua abrangência, dificilmente um aluno vai apresentar todos os indicadores contidos, mas, com frequência, vários aspectos de suas características serão apontados. Como a maioria desses roteiros é baseada em informações de experiências feitas em outros países, para nós, ainda são listagens teóricas. Por isso, após coletar os dados no ambiente escolar, os alunos que apresentam indicadores de superdotação devem ser avaliados por profissionais especializados, caso desejem um parecer mais conclusivo.

RELACIONANDO A TEORIA COM A PRÁTICA

O que pensam os superdotados sobre ser superdotado.

Quando as crianças e os jovens descobrem que são superdotados, diversamente do que todos pensam, não acham que sabem mais, que são muito inteligentes ou que fazem parte de um grupo de estranhos. O que ocorre é quase o contrário. Os superdotados dizem que, quando aprendem mais a respeito de suas características e diferenças, sentem-se melhor consigo mesmos, com suas habilidades e começam a entender situações sociais incompreensíveis até então. Algumas opiniões, coletadas em Grupos de Desenvolvimento do Talento no Inodap*, podem esclarecer como definem sua condição:

- *Tirar boas notas na escola. (7 anos)*
- *Ser superdotado é ser alguém que tem uma maior facilidade para aprender. (6 anos)*
- *É ser legal e ter uma imaginação diferente. (7 anos)*
- *É ter inteligência especial em alguma área de conhecimento. (10 anos)*
- *Não ter muitos amigos. (8 anos)*
- *Ser muito inteligente. (8 anos)*
- *Ter um cérebro que trabalha dia e noite. (11 anos)*
- *Ser um pouco superior aos outros. (9 anos)*
- *Se contássemos a algumas pessoas, a maioria pensaria que isso significa ser superior a elas. (8 anos)*
- *É ter facilidade de entender as coisas. (6 anos)*
- *Não precisar ser 100%. (10 anos)*
- *Ter boa leitura. (9 anos)*

---

* Instituto para Otimização da Aprendizagem (Inodap): organização não governamental que tem como objetivo apoiar e desenvolver ações e serviços para a defesa e a elevação do ser humano, nas áreas de pesquisa, cultura, educação, ciência e sobre questões da educação especial, com enfoque na superdotação. Site: <http://www.inodap.org.br>.

- *Eu sinto que me relaciono com adultos melhor do que com meus colegas. No resto, eu sou igual, gosto de brincar, de games, ir ao shopping. Somente se eu não tiver feito minhas tarefas eu não consigo me divertir, e os meus amigos não se deixam aborrecer por isso. (12 anos)*

Capítulo 5

5 Conscquências da falta de identificação

> "Muitos de meus professores são bacanas, mas alguns ajudam os alunos mais lentos a alcançar notas melhores que os que são mais inteligentes, porque acham que os alunos com mais dificuldade, se tiverem notas baixas, não vão mais tentar. Meu trabalho que mereceu um 8,0 com certeza receberia 9,5 se fosse de um outro aluno." (12 anos)

Na convivência com os superdotados, em um primeiro momento, o que a família percebe são crianças com condutas que diferem da média, apresentam-se desmotivadas pela falta de desafios compatíveis, tendo de vivenciar um ambiente escolar inadequado a seu ritmo de aprendizagem, sua lógica peculiar e raciocínio incomum. O que os professores percebem, quase sempre, são alunos que, mesmo considerados inteligentes, destoam da maioria, não se mostram atentos, deixam de completar as tarefas, perguntam muito e interrompem as aulas com suas observações.

Pais e professores compartilham situações semelhantes, sendo que a mais comum é o desconhecimento de como identificar o potencial das crianças superdotadas e quais os procedimentos adequados às suas necessidades diferenciadas. É na escola e na família que primeiramente se percebem as consequências da falta da identificação das habilidades do aluno. É onde aparecem as alterações no comportamento, no humor, nos resultados, no desajuste social, com a evidente infelicidade desse indivíduo.

O alto nível de inteligência não é dirigido apenas a atitudes construtivas e socialmente corretas; quando há frustração e insatisfação pelo fato de as necessidades emocionais e educacionais não serem supridas, indivíduos muito inteligentes podem, também, transformar-se em elementos nefastos à sociedade. Então, os currículos para superdotados devem incluir componentes sobre valores em educação, pois por meio deles os estudantes aprendem a examinar seus próprios valores, assim como os valores dos outros (Vantassel-Baska, 1992).

Pelo que já foi exposto, é possível percebermos que as crianças superdotadas estão sujeitas a uma carga de pressão bem diferente do que acontece com as demais. Como a maioria das pessoas acredita que os superdotados conseguem realizar tudo com perfeição e com seus próprios recursos, frequentemente negligenciam o fato de que eles podem estar sofrendo tensões e necessitando de ajuda. A tensão experimentada varia conforme o temperamento da criança. Algumas delas parecem ser naturalmente tranquilas e ficam menos aborrecidas em determinadas situações. Mesmo assim, é provável que a maioria das crianças superdotadas experimente insegurança e preocupação nas ocasiões em que sente estar sendo excluída dentro do seu próprio ambiente.

Os alunos superdotados, por representarem um grupo minoritário, podem ser tão diferentes dos companheiros em seu ambiente que podem estar expostos a uma sobrecarga psicológica expressiva. Para um aluno extremamente inteligente, ter de administrar a constante sensação de estar pressionado é quase sempre uma certeza. É provável que tenha dificuldade de ajustamento em qualquer lugar e precise suportar as angústias e tensões que acompanham situações similares.

A maioria dos superdotados, independentemente da faixa etária, afirma que se sente muito diferente em todos os ambientes em que convivem. Frequentemente eles declaram ter a sensação de que são "alienígenas" em todos os ambientes em que convivem.

5.1 Problemas de comportamento

> O que você faz quando tenta adotar técnicas de disciplina e diz:
> — Você vai para sua cama sozinha ou eu irei carregar você para lá? – e sua filha de três anos contesta:
> — Mas eu não gostei dessas duas alternativas – eu quero uma terceira escolha!

A singularidade de um aluno superdotado, com todo o potencial e o entusiasmo que normalmente possui, pode trazer muito enriquecimento para os outros alunos, assim como essa mesma singularidade pode ser abafada pela conformidade vinda da frustração. Mais grave ainda é a possibilidade de o indivíduo superdotado perder sua individualidade, tentar esconder suas características especiais e esforçar-se para agir como os demais.

Um aluno curioso, inteligente e saudável, com capacidade de apreensão rápida dos conteúdos e grande velocidade no pensamento pode ficar permanentemente entediado com a rotina da escola. Alunos superdotados quase sempre se sentem menos confortáveis do que os outros, em um ambiente com estruturas rígidas de ensino, no qual seu envolvimento é muito limitado e, geralmente, predeterminado, como acontece em uma sala de aula regular (Freeman; Guenther, 2000).

Embora todos os alunos iniciem a vida escolar com atitudes positivas, a criança superdotada normalmente entra na escola com uma curiosidade ativa sobre o ambiente, com grande desejo de se expressar e relacionar-se com os outros. É importante manter essa avidez e interesse, bem como também cultivar os acertos e a independência. Entretanto, algumas vezes, pode ser difícil os 3% (ou até 10%) de crianças superdotadas ficarem motivados em um sistema educacional que é orientado, principalmente, para os outros 97% (Webb; Meckstroth, Tolan, 1995, p. 65). Um aluno mais inteligente que constantemente espera que toda a turma aprenda aquilo que ele próprio já sabe (ou sabia antes de ir à escola) pode acumular sentimentos de frustração, desânimo e insatisfação; pode parecer dispersivo e desatento. Muitas vezes, o entusiasmo e a motivação do aluno são abafados por pessoas mais interessadas em forçar um ajustamento ou fazer com que ele se conforme com padrões já determinados.

MITO – O NÚMERO DE SUPERDOTADOS NÃO É EXPRESSIVO

A Organização Mundial da Saúde (OMS) estima que o número de superdotados na população seja de 3,5 a 5%. São dados estatísticos, calculados pelo resultado obtido em testes de QI (com escores de 130 ou mais pontos percentuais), que não são precisos para identificar a totalidade da inteligência. Estudos realizados pela Associação Brasileira para Superdotados (RS) em escolas públicas e privadas de Porto Alegre apontaram 7,78% de alunos com indicadores de altas habilidades. Em uma simples comparação, mesmo considerando o percentual inferior, apontado pela OMS, o número de superdotados no mundo (quase 210 milhões) ultrapassaria a população brasileira. Em nosso país, teríamos quase nove milhões de superdotados por esse critério. (Pérez, 2003)

É comum encontrar educadores que se ressentem com estudantes que se destacam, fazendo observações sarcásticas em classe ou apontando a inteligência como uma obrigação permanente de bons resultados. Outros expressam seu desconforto ignorando o aluno superdotado e preferindo dar atenção aos estudantes com dificuldades, talvez para evitar o desafio representado pela criança de maior habilidade.

Esse é um dos principais motivos do desajuste, pois, quando o local do trabalho escolar se torna um campo de batalha, o aluno quase sempre ganhará a guerra das notas, se assim o desejar, e uma batalha prolongada apenas servirá para retardar a sua motivação.

Isso pode ser constatado pela observação de alunos que simplesmente não produzem, mas são psicologicamente fortes e confiantes em suas capacidades. Eles podem não se submeter, assumindo um comportamento controlado para que professores e pais recuem um pouco, e continuar resistindo passivamente, até saírem da escola.

Para alguns superdotados, procurar reforçar sua autoestima na companhia de outros jovens ou grupos (positivos ou negativos) para que possam ser acolhidos ajuda-os a superar a falta de empatia e a lidar com a rejeição. Isso pode intensificar sua própria falta de tolerância com os outros e eles são capazes de assumir comportamentos antissociais.

O desafio é auxiliar o aluno a manter-se interessado, ajudando-o a descobrir razões para querer aprender e remover os bloqueios que estão interferindo na motivação.

As reclamações mais frequentes a respeito do comportamento sempre foram de frustração, desinteresse, instabilidade, isolamento, desatenção ou enfado. Atualmente é comum verificar que os alunos superdotados não identificados estão recebendo o rótulo patológico de dificuldades de aprendizagem, déficit de atenção e hiperatividade, precedido ou seguido de siglas.

5.2 Problemas emocionais

> "É tão difícil ser eu mesmo. Todos esperam muito de mim. Eu
> gostaria de poder perguntar: 'Qual é o propósito da vida?'"

O desenvolvimento avançado dos superdotados em várias áreas faz com que se caracterizem por uma inteligência superior e alguns por um melhor ajustamento social e emocional. Superdotados com esse perfil não são identificados e, normalmente, são vistos apenas como bons alunos. Contudo, aqueles que apresentam inteligência expressivamente superior têm grande possibilidade de que algumas situações lhes causem impactos negativos. Isso se deve à distância que os separa dos demais indivíduos, diminuindo as chances de encontrarem pessoas compatíveis, com quem possam interagir. Embora possuam uma grande bagagem de conhecimentos, podem ficar abalados diante de situações do seu cotidiano, as quais percebem mais intensamente e avaliam com uma amplitude que mostra inúmeras possibilidades, nem sempre de sucesso.

São os que se sentem pouco desafiados na escola, não compartilham os mesmos interesses com os colegas e começam a apresentar sentimentos de exclusão, rejeição, isolamento e frustração. Seu desempenho acadêmico pode diminuir e, pelo desconhecimento a respeito de seu grande potencial ou na tentativa de um tratamento uniforme sem alcançar resultados, tem início uma longa jornada para explicar os desajustes em relação aos padrões esperados.

A criança superdotada pode ter reações emocionais mais compatíveis com sua idade do que com sua inteligência. Ou seja, mesmo sendo capaz de usar palavras adultas e conceitos avançados, normalmente não consegue conduzir situações emocionalmente complexas.

Como Hollingworth (1975, tradução nossa) observa: "Ter a inteligência de um adulto e as emoções de uma criança, combinadas em um corpo infantil, é se deparar com algumas dificuldades". Podem ficar descontentes com seu comportamento sempre que falham em metas pessoais e, quase sempre, experimentam, como resultado sentimentos de incapacidade ou inferioridade (Strang, 1960; Whitmore, 1980). Expectativas irreais sobre o que "deveriam" ser capazes de fazer normalmente são combinadas com metas irreais sobre tarefas complexas. Como brinde, os adultos ao seu redor também aumentam as pressões com exigências de excelência compatível. Até mesmo quando estão alcançando níveis bem altos de desempenho, é provável que as crianças superdotadas sejam demasiadamente autocríticas.

Há alunos de grande potencial que apresentam desempenho inferior à sua capacidade por estarem enfrentando, geralmente, problemas de ordem emocional que abalam, também, seu autoconceito. Consideram extremamente difícil mudar o comportamento por si mesmos e podem melhorar com aconselhamento e assistência.

Se as tentativas do aluno superdotado para expressar suas percepções e interpretações são frequentemente frustradas, sua tendência é preferir manter guardados os sentimentos e as opiniões. Pode concluir que pensar ou sentir de forma diversa não é aceito nem permitido ou que há algo fundamentalmente errado com ele como pessoa. Essa frustração é intensificada pela consciência de que a sensibilidade, a intensidade e a curiosidade são seus pontos fortes, contudo são a fonte de seus maiores problemas com os outros (Webb; Meckstroth; Tolan, 1995).

O apoio mais adequado e os melhores resultados têm sido baseados, quase sempre, em maior conhecimento e informações a respeito das crianças superdotadas, suas habilidades, características, qualidade de estimulação e entendimento de suas necessidades.

RELACIONANDO A TEORIA COM A PRÁTICA

As crianças e os jovens superdotados relatam o que os incomoda ou que é mais apontado em seu comportamento. Alguns aspectos recorrentes se transformam em "grandes angústias" por fazerem parte de sua vivência na família e na escola.

Algumas situações foram, com muita precisão, explicitadas a seguir, sendo que relacionam adequadamente a teoria com a prática.

- Ninguém explica o que acontece conosco, e o fato de ser superdotado é um assunto guardado como um grande segredo. (13 anos)
- Desde pequeno, anseio por novidades, mas algumas atividades propostas na escola são muito fáceis e repetitivas, aí eu fico muito aborrecido. (11 anos)
- Sempre ouço reclamações sobre minha letra por copiar lentamente ou não completar todas as tarefas. (8 anos)
- Quando termino antes que os outros e não tenho nada para fazer, o professor me dá mais tarefas para me ocupar. (8 anos)
- É difícil compreender por que não posso responder às perguntas "para dar oportunidade para outros colegas" e tenho de ficar com o dedo para cima esperando que o professor me chame (e ele fingindo que não viu). É frustrante! (10 anos)

- Os alunos habitualmente caçoam quando percebem os colegas que são muito espertos e aí estão sempre prontos a apontar quaisquer de nossas dificuldades ou falhas. (12 anos)
- Amigos que realmente nos entendem são poucos e não muito frequentes. (16 anos)
- Pais e professores esperam que eu seja perfeito, que possa fazer tudo sempre certo, em todas coisas e o tempo todo. (14 anos)
- Um dia eu deixei de completar uma parte da lição, apenas algo que não estava bem explicado e, quando veio uma observação em minha agenda, foi um caos em casa. Quase que fui servido picadinho junto com a sopa! (12 anos)
- Sinto que tenho diferenças e quero que me entendam como sou, que entendam que todas as pessoas são diferentes em algum aspecto. (11 anos)
- Os trabalhos e atividades em grupo raramente são interessantes; prefiro fazer tarefas sozinho. (10 anos)

5.3 Percepções, interpretações e diagnósticos equivocados

> Como você considera a inteligência de seu filho, quando, aos cinco anos, ele faz o autodiagnóstico de sua dor de estômago, consultando *sites* de medicina na internet?

Alguns educadores já estão alertas para as diferenças comuns no comportamento, na aprendizagem e nas reações dos indivíduos superdotados, mas ainda são em número muito reduzido. Diante da variedade de características e da dificuldade de identificação desse grupo extremamente heterogêneo, é compreensível que a família, os professores e os demais profissionais encontrem dificuldades para reconhecê-los e, especialmente, para entendê-los.

É comum que, no ambiente escolar, a comparação seja feita em relação à maioria dos alunos, então, o que vai chamar atenção é o que o estudante superdotado não está realizando nos mesmos moldes dos demais. A tentativa educacional é sempre procurar fazer com que ele esteja adequado à média.

Os superdotados são alvo de muitos erros de concepção, e o local para as primeiras interpretações equivocadas é a escola. Quando um aluno apresenta atitudes que divergem do padrão esperado, mesmo que seja mais maduro, que seus argumentos sejam consistentes e que tenha razão em suas reivindicações, a reação é ganhar tempo, deixá-lo sem resposta e, na insistência, apelar para as medidas disciplinares ou punitivas que a escola prevê.

É na escola que os alunos de grande potencial começam a ser informados sobre o rol de seus problemas, geralmente relativos a confrontar regras, aceitação de críticas, intensidade nas emoções, falta de interesse, resistência para realizar tarefas rotineiras, dificuldades de relacionamento e de aprendizagem. Essa lista pode vir acompanhada dos qualificativos correspondentes de excessivamente sensível, exigente, impaciente, desatento, dispersivo, rebelde, agressivo, desinteressado e outros ainda mais contundentes. Aos poucos eles vão acreditando, reforçando e até assumindo como dificuldades as suas qualidades.

Após algumas tentativas de enquadramento ao que se determina como normal, com prazo curto de tolerância, rapidamente acontece o encaminhamento para outros profissionais, fora do ambiente pedagógico.

Atualmente, muitos alunos inteligentes que não se comportam ou executam atividades dentro do esperado para a maioria estão sendo vítimas da falta de maiores informações sobre a superdotação e sofrendo as consequências de diagnósticos equivocados. Esses diagnósticos, cada vez mais frequentes, derivam do desconhecimento sobre as características emocionais e sociais específicas dos indivíduos superdotados, as quais, quando não são corretamente investigadas, podem ser assumidas como sintomas de algum transtorno.

É comum o professor conviver com crianças medicadas e o diagnóstico mais comum é de Transtorno de Déficit de Atenção com Hiperatividade (TDAH). Algumas vezes, o próprio professor, quando não sabe como agir com um aluno que não responde favoravelmente às propostas feitas para os demais, levanta a suspeita e informa os pais criando, imediatamente, uma situação de pânico. Coberto de boas intenções, o professor não avalia a seriedade que envolve sua atitude. Diagnósticos devem ser feitos somente por profissionais habilitados, e a confirmação desse tipo de transtorno envolve conhecimento específico e análise cuidadosa.

Nesse aspecto, a grande dificuldade que os profissionais enfrentam é que as alterações de comportamento, avaliadas como sintomas e relacionadas a uma situação clínica, são muito semelhantes a todas as condutas e características apresentadas por um indivíduo superdotado, principalmente se não estiver devidamente desafiado. Isso não quer dizer que não possa haver superdotados que também sejam hiperativos, mas não é justificativa para medicar todos os alunos que não se enquadram no modelo requerido pelas escolas.

Alguns estudantes que recebem diagnósticos de transtornos são aqueles demasiadamente espertos, ativos, curiosos, os quais não se conduzem dentro da expectativa e dos padrões da escola que frequentam. Alunos mais inteligentes ficam facilmente entediados com repetições de conteúdos que já sabem, necessitando de novidades e desafios dentro e fora da sala de aula.

A letra feia é constantemente usada como um indicador de distúrbios de atenção ou de aprendizagem. Porém, muitas, e talvez a maioria, das crianças superdotadas apresentam uma caligrafia feia. Normalmente, isso simplesmente significa que seu pensamento é muito mais rápido do que as mãos podem se mover e que veem pouco significado em fazer da caligrafia um tipo de arte quando seu principal propósito é a comunicação (Webb; Kleine, 1993).

O impulso ou a compulsão do indivíduo superdotado para entender, questionar e procurar consistência é igualmente intenso, assim como sua habilidade para encontrar possibilidades e alternativas. Todas as características inerentes à sua condição ainda são acrescidas de um intenso idealismo e de uma grande preocupação com questões morais e sociais que podem criar ansiedade, depressão ou gerar uma atitude desafiante com aqueles que não compartilham suas preocupações.

Junto da intensidade, tipicamente encontrada em indivíduos superdotados e quase sempre manifestada por uma grande atividade motora e inquietude física, há uma sensibilidade extrema para emoções e estímulos sensoriais, como sons, toque e sabor.

Essa sensibilidade, demonstrada desde a infância, é vista nas crianças que choram quando assistem a um acontecimento triste no noticiário, percebem odores ou sabores diferentes, têm reações cutâneas com calor ou mordidas de insetos, teimam em retirar as etiquetas das roupas, têm necessidade de tocar em tudo ou se opõem ao contato físico de forma defensiva. Demonstram perspicácia e intuição que as fazem perceber, tanto o que foi dito como o que foi pensado. Parece que estão permanentemente ligadas e muitas têm grande resistência para ir dormir.

Além disso, para fazer a questão mais complexa, as observações clínicas indicam que aproximadamente 3% de crianças altamente superdotadas sofrem de uma condição funcional de baixa taxa de açúcar no sangue. Silverman (1993) sugere que talvez a mesma porcentagem também sofre de alergias de diversos tipos. Reações físicas nessas condições, quando combinadas com a intensidade e a sensibilidade, resultam em comportamentos que podem aparentar TDAH. Porém, os sintomas de hiperatividade, em tais casos, irão variar com o período do dia, o tempo desde a última refeição, tipo de comida ingerida ou contato com outros agentes ambientais (Webb et al., 2004).

É preciso observar se a desatenção e os comportamentos impulsivos ou inadequados acontecem somente em algumas situações, mas não em outras (por exemplo, na escola, mas não em casa; na igreja, mas não no grupo de escoteiros etc.). Se os problemas de comportamento forem situacionais, provavelmente a criança não é hiperativa.

O desenvolvimento das várias áreas de habilidades mentais da criança superdotada não obedece à mesma sincronia das demais crianças. Essa assincronia faz com que as habilidades cognitivas avançadas e sua grande intensidade se combinem, criando níveis de experiência e consciência internas qualitativamente diferentes da norma. Alguns aspectos da superdotação representam um desafio real para os profissionais, mas devemos ter sempre em mente que superdotados são indivíduos normais, embora não sejam comuns.

Evidentemente, há possibilidade de existirem problemas que estejam associados aos pontos fortes e característicos das crianças superdotadas. A falta de conhecimento e de compreensão de pais, pedagogos e profissionais de saúde, combinadas com circunstâncias como a falta de uma educação adequadamente diferenciada, acarretam problemas nas relações interpessoais, o que induz a diagnósticos equivocados. E, assim, algumas de nossas mais luminosas e criativas mentes estão sendo prejudicadas, não apenas pela falta de identificação, mas por estarem sendo tratadas clinicamente, sem necessidade.

É visível que esse é o momento de todos os profissionais, entre eles os profissionais da saúde, observarem, de forma segura e coerente, as crianças, os jovens e os adultos superdotados – talentosos e criativos – em sua diversidade e heterogeneidade. Somente se somarmos nossos saberes, revendo conceitos e ampliando o conhecimento, é que poderemos atingir uma concepção mais correta a respeito das diferenças humanas.

Capítulo 6

6 Dimensões emocionais do superdotado

> "Eu sou alguém que ninguém conhece. Algumas pessoas veem uma parte de mim, outras enxergam outras partes. É como se eu fosse uma atriz e estivesse representando. O que sou realmente está dentro de mim. Esses são meus verdadeiros sentimentos – que eu entendo, mas não sei explicar." (10 anos)

Este capítulo, diferente dos encontrados na maioria dos livros sobre o assunto, tem como principal objetivo esclarecer o leitor de modo geral e, particularmente, ajudar o próprio superdotado a compreender aspectos de sua condição que são colocados como problemas ou desajustes sociais e emocionais. Sabemos, a partir dos estudos de vários autores, que os superdotados podem ser altamente motivados, bem ajustados, socialmente maduros, abertos a novas experiências, independentes, resilientes, possuidores de autoconceito positivo e tolerantes em relação a ambiguidades, mas também podem ser mais vulneráveis a dificuldades sociais e emocionais.

Para muitos jovens e crianças superdotadas, a grande inteligência é uma vantagem para o alcance de um ajuste social e emocional. Embora haja muitos estudos a respeito das dificuldades emocionais dos superdotados, isso não é uma premissa.

Esse é um aspecto que merece uma reflexão mais cuidadosa para tentarmos verificar se as citadas dificuldades são produto da leitura que conseguimos fazer ao nos depararmos com a dimensão emocional do superdotado, inteiramente desconhecida por nós.

Quando existe uma preocupação verdadeira com os indivíduos superdotados, não se pode simplesmente adotar uma análise linear de causa e efeito sobre quem eles são e do que precisam.

A vida intelectual e emocional desses indivíduos é extremamente complexa, construída por uma intrincada e entrelaçada rede de ideias, sentimentos e situações. Ser superdotado geralmente amplifica a vida emocional em níveis de profundidade e intensidade, desconhecidos e impossíveis de serem avaliados pelos demais. Mesmo entre os indivíduos superdotados não há uma igualdade de interpretação, pois pela heterogeneidade de habilidades e personalidades eles sentem e percebem os estímulos e acontecimentos com magnitudes diferentes.

A complexidade intelectual está de mãos dadas com a profundidade emocional. Da mesma maneira que o pensamento dos superdotados é mais complexo e alcança uma extensão diferenciada em relação às demais pessoas, as emoções são também mais complexas e mais intensas.

Essa complexidade, decorrente da proporção e intensidade emocional com que os superdotados experienciam todos os acontecimentos, é que causa maior estranheza, pois situações simples e familiares, que provocam reações brandas e esperadas, podem ter um caráter, muitas vezes, exagerado para eles.

Podemos concluir que as dificuldades, quando ocorrem, são nas mesmas situações em que as outras pessoas também as experimentam. A importância e a intensidade com que os superdotados as vivenciam é que se mostram diferenciadas.

Vistos como um grupo, os níveis globais de desenvolvimento do autoconceito e autocontrole desses indivíduos são muito mais evoluídos que os de seus colegas. Porém, existe uma grande diversidade entre eles. Superdotados têm uma vasta gama de características sociais e emocionais diferenciadas. Para desenvolver e aproveitar suas habilidades e aptidões, eles precisam de compreensão e apoio.

Há aspectos positivos e negativos em possuir uma grande inteligência e, como os integrantes de qualquer grupo minoritário, nos superdotados, frequentemente a distância que os separa do padrão é o fator que os deixa vulneráveis. Podem sentir-se inseguros apenas porque são diferentes da média e, particularmente, os jovens e os adolescentes desejam desesperadamente ser como todos os outros; qualquer diferença, seja positiva, seja negativa, é causa de grande ansiedade.

Quando buscamos entender o seu ajuste psicológico, pesquisas e informações são contraditórias, não encontrando pontos comuns. Isso é um alerta de que não podemos aplicar amplamente os mesmos critérios e os mesmos estímulos para todos os superdotados. Temos de avaliar em que proporção cada indivíduo vê e sente uma situação e explorar de que forma cada aluno precisa se envolver para fazer com que seu trabalho ou projeto seja válido. Temos de descobrir o que funciona para cada um em particular (Smutny, 1998).

Como muito já foi explicado sobre diferenças e necessidades, este é o momento de refletirmos, com honestidade, sobre quais as chances de essas diferenças serem observadas como parte de suas condições peculiares. Quantas famílias aceitarão os filhos, com suas particularidades e emoções afloradas, sem tentativas de encontrar diagnósticos? Quais as instituições de ensino e quantos profissionais estão dispostos a começar uma mudança de pensar e de sentir a seu respeito?

É nesse momento que devemos parar e, na continuidade das explicações, tentar uma mudança de papéis olhando do outro lado, do ponto de vista do superdotado. É um exercício difícil, mas pode causar uma abertura no entendimento da dimensão emocional do superdotado e uma alteração positiva para suas vidas. Vamos tentar?

Maria Lúcia Prado Sabatella

6.1 Ser superdotado

> A família se preparava para a mudança de apartamento no dia
> seguinte. Os encarregados trouxeram o material para embalar e
> colocaram tudo no meio da sala. Nicole (3 anos) antes de dormir
> perguntou à mãe:
> — Por que as caixas sentem frio?
> Muitas explicações racionais e tentativas de convencer que as cai-
> xas não têm frio, até que alguém, ao passar pela sala vê o cenário
> da pré-mudança: muitas caixas empilhadas e cobertores sobre elas.

O que é ser superdotado? Há muitas teorias e análises acadêmicas a respeito. Mas a verdade é que muitos de nós jamais saberemos. Podemos teorizar o quanto quisermos, mas acreditamos ser impossível para indivíduos comuns saber entender e avaliar o alto nível de consciência, sensibilidade, curiosidade, intensidade, assim como o nível de seu sofrimento.

Fazendo uma analogia com os jogos pedagógicos de formas para encaixar, talvez a grande dificuldade para os estudantes superdotados é que eles são como pinos quadrados sendo forçados a se ajustar a orifícios redondos. Por mais esforço que façam, sairão lascas de suas arestas, serão amassados, espremidos, mas nunca conseguirão pertencer ao espaço em que se pretende que eles sirvam.

O modo de sentir do indivíduo superdotado e o nível emocional em que isso acontece não são logicamente compatíveis com suas capacidades intelectuais.

Ser inteligente não significa, necessariamente, ser mais feliz e seguro, mais saudável, mais bem-sucedido e adaptado socialmente. Todavia, ser inteligente também não significa ser difícil, ansioso, hiperativo, problemático, sensível demais ou neurótico.

Habilidades excepcionais têm pouco valor se o indivíduo não puder usá-las para se sentir feliz e realizado em sua vida. Talvez somente uma pequena fração das habilidades para prosperar dependa da capacidade intelectual. No currículo para a vida prática, acreditar no que "eu posso" é mais importante que a medida do nosso QI.

Em termos de características emocionais e sociais, ser inteligente não quer dizer que o indivíduo precisa ser diferente. Entretanto, embora os superdotados não possuam uma coleção de traços de personalidade comuns, eles têm uma coleção de problemas comuns. Na intensidade de seus sentimentos e consequências que ocorrem pela falta de entendimento, os superdotados são muito diferentes: uns administram e superam as diferenças mais facilmente e outros se sentem isolados, alienados e estranhos.

Ser excepcionalmente inteligente pode acarretar um grande nível de tensão e de estresse com seus professores, amigos e familiares. Quase sempre desconhecem sua intensidade emocional e não esperam que possam ter problemas, da mesma forma que não acreditam em suas necessidades intelectuais.

A maioria dos superdotados não aparenta precisar de auxílio e exteriormente parece estar bem. Como costumam analisar as situações de modo lógico, os indivíduos superdotados podem se iludir e tentar superar seus problemas pensando que, se são diferentes, têm capacidade de racionalizar alguns comportamentos com sucesso.

Vale lembrar que parecer bem exteriormente não é garantia de que esse mesmo bem-estar esteja acontecendo internamente. Muitos de nós já compreendemos que os superdotados sofrem emocionalmente, mas não estamos seguros sobre como lidar com isso (Galbraith; Schmitz, 1985).

6.2 Desafios que geram necessidades

Em uma primeira avaliação, as necessidades de crianças e jovens superdotados são iguais às de todos os outros. As fases de desenvolvimento são as mesmas, entretanto acontecem mais precocemente. Podem ter de conviver com os mesmos problemas sociais e limitadores, como os de situações econômicas, doenças na família, divórcio, abandono, abuso de substâncias químicas ou alcoolismo. Porém, a forma como os superdotados percebem, analisam, agem e reagem a essas situações são muito diferentes, caracterizadas, no entendimento geral, como problemas.

Pesquisadores, pais e professores começam a perceber que algumas necessidades emocionais dos superdotados estão mais relacionadas com a condição de sua maior capacidade do que com desajustes psicológicos. As evidências revelam que certos desafios para o seu equilíbrio emocional estão relacionados com a sua excepcional habilidade, com a maior amplitude de informações e as emoções que acumulam, as quais geralmente estão além do que podem assimilar e processar.

O desenvolvimento emocional origina-se em processos internos e externos, que vão sendo administrados graças à sua grande capacidade e percepção. Até que possam compreender seu universo emocional distinto e variável, fazer escolhas em um ambiente inadequado e hostil, os indivíduos superdotados consomem muita energia psíquica em idade em que ainda não estão maduros para isso. Esses desafios, geradores de suas necessidades especiais, podem ser os causadores de dificuldades emocionais e consequências orgânicas.

É elucidativo entender que as necessidades dos superdotados surgem interiormente em decorrência de suas características singulares e exteriormente pela sua interação com o meio.

Os desafios internos estão relacionados à sua forma de ser, por natureza, altamente perceptivos, envolvidos, supersensíveis e perfeccionistas. Os desafios externos vêm dos conflitos com o meio ambiente, eles aparecem com as grandes opressões que têm com a escola, pais, amigos e seu ambiente cultural (Galbraith; Schmitz, 1985).

A descrição desses aspectos é muito esclarecedora para quem tem essa condição e não encontra orientações e ajuda. Os superdotados podem, a partir dessas informações, analisar e entender como funcionam e quais fatores os impulsionam ou desequilibram em algumas ocasiões.

6.2.1 Desafios internos

Os principais desafios internos podem ser decorrentes de fatores como:
- Percepção extraordinária – Devemos ponderar o quanto os estímulos, comuns para os outros, podem afetar a vida diária de quem é

altamente perceptivo. Superdotados são influenciados por sons, movimento, visão, palavras, números, padrões, fenômenos físicos ou pessoas. Mesmo que não sejam sensíveis a todos esses estímulos, são extremamente sensíveis a qualquer pequena diferença. São como o artista que vê quando a combinação de cores não é perfeita, o músico que sente a mínima alteração de frequência na afinação de um som, o que, para a maioria, passaria despercebido. São detalhes de percepção que fazem toda a diferença.

- Alto envolvimento – A sensibilidade dos superdotados pode produzir certa irritação com a insensibilidade. Ela pode fazer com que acumulem uma carga extra de preocupação com interesses, materiais, tarefas, perguntas ou respostas. Enquanto outros alunos ficam tranquilos e despreocupados com problemas sem solução ou perguntas dúbias, os superdotados pensam repetidamente nos problemas, respostas, figuras e conceituações. Descobrem as soluções óbvias e as informações duvidosas. Desejam solucionar questões pendentes, cálculos incompletos, guardar fragmentos de frases importantes. Percebem a grande complexidade do mundo e acham esse aspecto interessante e significativo.

- Supersensibilidade – Além de extremamente perceptivos e receptivos a estímulos, os superdotados acrescentam uma carga de sensibilidade que significa, além do que já foi exposto anteriormente, a suscetibilidade a questões morais e emocionais. Muitos são afetados com aspectos éticos e preocupações que não são importantes para seus colegas. Estipulam altos padrões de respeito à verdade e à moral e são rápidos para julgar quem não compartilha dos mesmos valores. Sentem-se afrontados com a hipocrisia, opiniões dúbias e outras formas de contradições éticas.

- Interesse existencial e espiritual – Os superdotados apresentam, desde muito cedo, questões e pensamentos profundamente existenciais e espirituais. São comuns entre eles perguntas do tipo: "Como o universo começou?"; "Quem é Deus?"; "O que é vida?"; "Por que as pessoas estão aqui?"; "Por que eu nasci?"; "O que acontece depois que nós morrermos?"

Expressam uma profunda preocupação existencial e espiritual e essa característica ou traço é abordada com algumas restrições tanto por parte da família como do próprio indivíduo. É compreensível que haja uma certa reserva, uma vez que o superdotado já sofre tantas pressões que acaba não se dispondo a abrir mais possibilidades de ser incompreendido. Indivíduos superdotados diferenciam-se pela extrema variação em suas habilidades, paixão pelo que fazem, personalidade, temperamento, questões sociais e emocionais e experiências de vida e podem, também, mostrar a mesma variedade na espiritualidade que está inserida em todos os outros aspectos e é algo extremamente pessoal.

- Perfeccionismo – Embora essa palavra possa ser usada em um sentido pejorativo, indivíduos superdotados mostram-se ansiosos em alcançar e perseguir a excelência. Essa preocupação parece estar fundamentada no conhecimento e na qualidade. A pessoa superdotada é capaz de discernir a diferença entre o medíocre e o superior. Uma vez que é capaz de perceber a excelência, pode sentir em que nível as suas produções devem ser feitas e procurar alcançar esse padrão. O aluno que sabe o que é qualidade pode querer alcançá-la sempre e, rapidamente, temer pela possibilidade de falhar. É por isso que superdotados precisam de apoio para persistir, a despeito da constante consciência de fracassar. Além de sua própria cobrança, muitos dos problemas dos superdotados com altas expectativas são, indubitavelmente, reforçados pelo ambiente.

- Desigualdade nos níveis de competência – O equilíbrio emocional dos superdotados pode ser desafiado, de forma intensa, quando suas habilidades estão fora de sincronia. O alcance de grandes competências verbais e conceituais, em época em que ainda têm dificuldade para a leitura, deixam-nos muito frustrados; a grande habilidade espacial, com a incapacidade de desenhar o que enxergam internamente, é decepcionante; a competência cinestésica, mas a insegurança e a timidez para integrar-se em uma atividade esportiva, são fatores que causam, também, desafios internos. Como o desenvolvimento de cada área tem seu ritmo e velocidade diferenciados, muitos superdotados sofrem com essa desigualdade entre a competência e a capacidade de produção, em fases em que ainda não conseguem entender essa discrepância, que pode instalar uma diminuição de sua autoconfiança.

6.2.2 Desafios externos

Na convivência com os superdotados, é dada maior atenção a fatores que possam abalar seu bem-estar emocional, que têm causas internas, do que para aqueles originados dos conflitos do indivíduo com a família, a escola, os colegas e a sociedade em geral. A falta de entendimento ou apoio para as crianças superdotadas e, às vezes, a ambivalência ou a hostilidade criam problemas significativos. Os desafios de origem externa quase sempre são oriundos de fatores como:

- Cultura escolar – Crianças superdotadas, por definição, são incomuns, quando comparadas com as demais da mesma idade. Mesmo que muitos profissionais da escola não queiram reconhecer, não há como negar sua singularidade nas habilidades cognitivas, que requerem experiências educacionais diferentes. O fato de estarem agrupados pela idade cronológica cria um dilema para a maioria dos alunos superdotados, que pode tentar se adequar, conformar-se, agir como os demais e, quando não o consegue, é vista como rebelde, revoltada ou insatisfeita.

- Expectativas – As expectativas a respeito dos superdotados sempre são muito altas e de constante acerto. A ideia de grande produção está erroneamente associada à perfeição de atitudes e comportamentos. Superdotados, particularmente os mais criativos, não se conformam facilmente. São os que mais perguntam, argumentam, não obedecem, violam ou desafiam tradições, rituais, regras ou expectativas. Tais comportamentos incitam um desconforto nos outros. Alguns superdotados, sensíveis aos sentimentos dos demais, podem tentar esconder habilidades para não causar comparações e infelicidade aos colegas, dissimulando o que sabem e enfrentando conflitos com seus valores e honestidade.

- Relações com seus pares – Quem é um semelhante para uma criança ou jovem superdotado? Superdotados precisam de vários grupos de pares porque seus interesses são muito variados. Os níveis avançados de habilidade podem guiar suas escolhas para as relações com os mais velhos. Podem buscar semelhantes por meio da leitura, procurando na opinião dos autores a compatibilidade de ideias de que necessitam. São vistos frequentemente como solitários. O conflito entre se ajustar a um grupo no qual não se sentem pertencentes e continuar lutando por sua identidade pode ser bastante estressante. A verdade é que os superdotados sempre estão fora do compasso em seu contexto social. Em companhia de pares de mesma idade, estão fora do compasso em termos cognitivos. Com pares intelectuais, estão inadequados em termos sociais. Esse descompasso leva ao isolamento, que é um delimitador para ficar deprimido.

- Depressão – A depressão normalmente ocorre quando há uma raiva interna contra si mesmo ou contra uma situação na qual se tem pouco ou nenhum controle. Em algumas famílias, é comum o hábito de uma avaliação ininterrupta e crítica a respeito do desempenho e dos resultados. Superdotados podem desenvolver a tendência natural para autoavaliação, que provavelmente será ampliada. Por consequência, a tendência à autocrítica, à depressão e ao baixo rendimento acadêmico pode ser aumentada. Às vezes, a colocação educacional inadequada, não proporcionando os desafios intelectuais que necessita, faz o superdotado sentir que está em um universo em câmera lenta. A depressão pode resultar de uma situação na qual o aluno sente que foi apanhado sem condições de alteração ou melhora.

- Relações familiares – Pais de crianças e jovens superdotados, como os pais de quaisquer crianças com necessidades especiais, são marinheiros de primeira viagem, sem bússola ou leme. As famílias influenciam profundamente o desenvolvimento das competências sociais e emocionais dos filhos e devem estar presentes quando as necessidades se apresentam. É importantíssimo que a família interceda e favoreça a aprendizagem nas áreas de talento. É um fortalecimento emocional, que o superdotado sente a seu respeito e que solidifica sua confiança. Quando problemas acontecem, não é porque os pais decidem conscientemente criar dificuldades para seus filhos superdotados. Muitas vezes é porque falta a informação para a família, a orientação sobre os estilos adequados para a educação ou quando estão tentando administrar os próprios problemas não resolvidos (algumas vezes relacionados aos seus talentos não identificados na infância).

6.3 Necessidades e suas consequências

> Muitos pais já ouviram seus filhos ameaçarem que vão fugir de casa, quando se aborrece com alguma coisa...
> ...Porém, pode ser um superdotado, quando tem quatro anos e afirma que quer fugir de casa, mas pede uma carona, por causa das coisas que tem que levar. Sabe que precisa de uma roupa para trocar, seu cobertor favorito, um casaco para quando esfriar, o "nebulizador" e todos os seus remédios para asma.

Quando uma necessidade, carência ou inquietação não é observada ou superada, a tendência é ficar uma pendência que, de tempos em tempos, volta à mente. Como explicamos que os superdotados são altamente envolvidos e repetidamente estão pensando nos problemas, nas questões não resolvidas ou nas expectativas que alimentam, suas necessidades e a intensidade com que sentem, podem levar a consequências e provocar reações orgânicas.

6.3.1 Somatização

Devemos estar atentos e não desconhecer as queixas da criança e os sintomas que o organismo mostra, principalmente quando se trata de indivíduos superdotados. Admitimos que eles são diferentes, mais sensíveis, emotivos, intensos ou perceptivos, então, não há como acreditar que essas características só aparecem em determinadas situações e áreas mentais. Quando explicamos que indivíduos inteligentes têm alterações na estrutura do cérebro, que comanda todas as ações e as reações de nossos órgãos e sentimentos, temos de admitir que isso é sinônimo de que seus organismos também funcionarão diferentemente.

Na eventualidade de sintomas orgânicos, após eliminar as possibilidades de alguma doença, é aconselhável procurar entender as queixas dos superdotados, considerando os desafios internos ou externos que foram descritos como fatores que podem, também, estar desequilibrando sua saúde.

Frequentemente, alunos excepcionais não conseguem explicar por que desenvolveram uma angustiante relutância em estar na escola, com repercussão na saúde. São inúmeros relatos de crianças, jovens e pais a respeito das dificuldades que alguns apresentam. Após extenuantes buscas clínicas, exames, atendimentos psicológicos e outros recursos que a família procura, deparamo-nos com a repetição de sintomas, quase sempre semelhantes.

Dor de estômago

Superdotados, em determinadas ocasiões, "não têm estômago" para mais tolerância. Depois de alguns meses de aborrecimentos e frustrações, certas situações fazem com que o organismo reaja violentamente. Podem gemer de dor, rolar e se torcer, assim como podem começar a sentir-se mal e enjoar no caminho da escola. Algumas vezes o que classificam como dor de estômago ou barriga é aquela sensação de angústia que os adultos sentem como um aperto no peito e à qual o organismo infantil reage com um espasmo extremamente doloroso.

Febre

É uma reação de proteção, como em qualquer doença. Superdotados podem ter aumento da temperatura corporal em situações de grandes expectativas, mesmo que sejam positivas, como uma viagem muito desejada, véspera de competições, torneios ou passeios escolares. O que poderá ser dito, então, quando a contagem regressiva é para um acontecimento sabidamente desgastante?

Dor de cabeça

Pode ser indicadora da incapacidade de continuar a suportar o tédio de repetir muitas vezes o que já sabe. Nos superdotados, é como se seu cérebro estivesse faminto pela nutrição de calorias intelectuais. A falta de desafios ou a angústia de não ter novidades e ser reprimido em qualquer iniciativa para modificar o panorama rotineiro gera uma tensão que evolui para a dor.

Alergias

As alergias podem induzir mal-estar e irritação, o que na criança é visto, em determinadas ocasiões, como comportamento inadequado. Pesquisas no National Talent Search Program na Johns Hopkins University, nos Estados Unidos, verificaram uma grande incidência de alergias em crianças com alta inteligência. Em comparação com a taxa normal de 10% na população geral, foi constatado que 55% das crianças com habilidades precoces nos raciocínios matemático ou verbal tinham alergias ou outras doenças autoimunes, como colite ulcerativa, doença celíaca (intolerância a glúten) ou enxaquecas (Smutny; Walker; Meckstroth, 2007). Se observarmos uma criança inteligente que tem queixas de ser letárgica, sonolenta, impossível, irrequieta, opositora ou hiperativa, convém examinar a possibilidade de ter alergias, especialmente se há histórico familiar. Algumas vezes, eliminando simplesmente um fator sensibilizante, como anilina na comida (vermelha é a mais comum nas gelatinas e xaropes), solventes ou derivados de petróleo em seu ambiente, pode ocasionar mudança expressiva na sua atitude e comportamento. Embora o processo da descoberta e os cuidados com a alergia possam ser incômodos, não aliviar os sintomas é devastador para os superdotados.

Distúrbios no sono

Problemas durante o sono são comuns entre os superdotados. Podem apresentar terror noturno, chorar ou gritar durante a noite, mesmo sem acordar; pesadelos que eles lembram com detalhes ou episódios de sonambulismo. Esses distúrbios parecem prevalecer nas crianças e na fase da adolescência, particularmente entre os meninos. Certamente são os pais quem mais relatam que as crianças têm sonhos mais vívidos, intensos e frequentemente em cor. Uma proporção significativa de meninos é mais propensa a falar à noite, levantar da cama e andar pela casa ou ter enurese noturna, por muito tempo. Uma observação geral a respeito dos superdotados é que perto de 20% têm uma necessidade de menor tempo de sono do que as demais crianças, ao passo que igual quantia necessita de mais sono. Essas características, muito pessoais aparecem desde muito cedo, conforme o relato dos pais. São crianças que se movimentam muito durante a noite, descobrem-se, sentem muito calor, apresentam bruxismo. Alguns adultos altamente superdotados parecem precisar apenas de duas ou três horas de sono em média e acham perda de tempo ficar dormindo.

6.4 A questão do gênero

> Talvez você não possa conceituar tecnicamente, mas saiba bem o que é uma menina superdotada quando, na primeira semana de aula da primeira série, a professora de sua filha já quer uma entrevista. Sua filha recusa-se a fazer a atividade de matemática porque já fez uma ontem e estava tudo correto, acrescentando ainda:
> — Se venho para escola para aprender, não preciso aprender o que já sei.

Além das diferenças individuais, parece haver diferenças marcantes entre os sexos. As meninas e as jovens superdotadas têm de lutar para realizar seus objetivos, pois enfrentam várias pressões sociais na escola. Em um ambiente de aceitação familiar, podem sentir-se livres para serem elas mesmas, para perseguir com energia e interesse qualquer assunto que as intrigue.

Na escola, porém, o desejo de ter amigos, a aversão por sobressair-se, o medo do ridículo, juntamente com a necessidade de aceitação, impulsionam as meninas a fazerem suas habilidades parecerem normais ou mesmo inexistentes. Kerr (1994, p. 171, tradução nossa), estudiosa da questão, observa: "A sociedade que desperdiça a inteligência , tradução nossafeminina cria um modelo que direciona as mulheres superdotadas para uma vida mediana e elas têm, em grande escala, se adaptado a essa norma".

Muitas vezes, as meninas são submetidas, desde muito pequenas, a informações de cunho sociocultural preconceituosas, que subestimam a realização feminina e vão se acumulando com o tempo. Em torno dos 11 anos, as meninas não reconhecem que têm talentos. Aquelas que os percebem guardam essa informação como um segredo. Isso significa que as habilidades que poderiam ser usadas para desenvolver o potencial são desperdiçadas, normalmente, para se ajustar às expectativas sociais (Eby; Smutny, 1990).

Alunas superdotadas podem parecer invisíveis para os professores, porque eles estão tão envolvidos com outras obrigações, não têm informações sobre a identificação dos superdotados de uma forma geral e muito menos estão procurando perceber essa faixa menos observada da educação especial.

A mesma dificuldade acontece com as avaliações, pois os testes-padrão de inteligência identificam algumas meninas, mas aquelas com expressivo decréscimo na autoestima, com problemas emocionais ou de comportamento, podem não ter bom desempenho nesse tipo de avaliação.

Descobrir o talento nas mulheres envolve um conhecimento de como as classes convencionais desencorajam a's alunas para uma execução no seu nível de habilidade. Os métodos pedagógicos, a atuação do professor, o currículo e muitos objetivos da educação, de modo geral, atingem mais o estilo masculino.

Embora pareça inicialmente curioso, pais ou educadores devem refletir sobre essa questão e procurar repensar suas estratégias educativas para mais adequação ao desenvolvimento feminino. O primeiro passo é examinar as interações sociais, o tipo de expectativa que externamos, as respostas que são dadas para suas questões, se não há exagero em incentivos de competição, se as meninas podem se expressar livremente, escrever poesias e não precisar escondê-las. Verificar se permitimos que avancem em seu próprio ritmo, se sua sensibilidade é respeitada, se fazemos elogios e incentivamos sua produção no mesmo nível que é feito para os meninos.

Para meninas superdotadas, a discrepância entre a habilidade e a autoimagem pode assumir formas diferentes, dependendo de suas características invulgares e sua formação. As meninas superdotadas podem ser aquelas que:

- têm uma boa produção, mas ficam cegas a suas realizações;
- têm resultados baixos, apesar de sua habilidade elevada, atribuindo seu fraco desempenho à pouca inteligência;
- são desinteressadas na escola ou no desempenho e sobressaem-se socialmente, às vezes, assumindo a popularidade e a liderança de maneiras negativas.

Isso nos faz perguntar sobre quais seriam as diferenças, em termos de necessidades, entre meninas superdotadas e as demais.

A resposta provável é que, enquanto todas as meninas necessitam de grande apoio e liberdade para seu desenvolvimento, as meninas superdotadas requerem um apoio que é particularmente afetado pelo dilema que o talento traz à posição das mulheres em nossa sociedade.

As meninas superdotadas enfrentam incertezas. Suas habilidades incitam-nas a avançar, estimulam-nas a explorar tudo o que a educação tem a oferecer e, apesar disso, a educação não se direciona para encontrá-las.

Durante a fase do ensino fundamental, as meninas geralmente aprendem melhor se os conteúdos são apresentados verbalmente; e os meninos, com conteúdos apresentados visualmente ou de forma gráfica. Entretanto, a maior parte dos assuntos desenvolvidos nos programas escolares dá grande importância e enfatiza as habilidades verbais.

Pode ser interessante para pais e educadores saber que essa diferença entre os sexos reverte-se na vida adulta, e, então, muitos dos homens aprendem melhor verbalmente (Webb; Meckstroth; Tolan, 1995).

No ambiente escolar, as meninas brilhantes, altamente verbais, curiosas e que gostam de discutir ou argumentar, na maioria das vezes, são vistas pelos professores como agressivas ou pouco femininas. Já o menino brilhante, que manifesta esses mesmos traços, é considerado precoce.

VOCÊ SABIA QUE...

- Meninas superdotadas recebem menos atenção de seus professores?
- Meninas têm escores iguais nos testes de conhecimento, mas quando alcançam o ensino médio, escolhem cursos menos desafiantes?
- Na educação infantil 97,8% dos professores são mulheres, no ensino médio 52,6% e na universidade 38,7%?
- Os meninos dominam verbalmente a classe?
- Meninos têm mais atenção e encorajamento de seus professores?
- Há especialistas direcionando sua pesquisa para a questão específica das mulheres superdotadas?
- Em 100 anos de história do Prêmio Nobel, somente 11 prêmios foram concedidos para mulheres cientistas? Madame Curie ganhou dois.
- Pouco mais de 5% dos membros da Academia Nacional de Ciências [EUA] são mulheres?

Fonte: REIS, 2004, tradução nossa.

6.5 Sinais de alerta

A professora chamou a mãe de um aluno de 4 anos porque ele é um "líder negativo"!

Quando ela distribuiu as folhas com inúmeros desenhos para colocar o nome embaixo de cada um, ele olhou para os colegas e, querendo facilitar a tarefa daqueles que ainda não conseguiam dominar o tamanho regular das letras, disse:

— Podem escrever do outro lado da folha, pois esse lado aqui está muito poluído – e toda a classe obedeceu, escrevendo no verso e deixando a professora em pânico.

Uma criança pode ser superdotada, mas não estar suficientemente desafiada. Talento esquecido é potencial não realizado.

Alguns comportamentos dos superdotados, que são fortes indicativos de que algo não está bem, são desconhecidos pelos pais ou educadores e recebem mais reprimendas do que acolhimento ou procura de entendimento.

Superdotados são extremamente afetados por muitas situações a que as demais pessoas não reagem tão intensamente ou que aceitam com mais tolerância.

Os fatores preponderantes que abalam sua dimensão emocional são as ocorrências ligadas às perdas ou às mudanças. Devemos colocar a ressalva de que essas perdas ou mudanças que afetam os superdotados têm importâncias diferentes em relação às demais pessoas.

Mudar causa inquietação pela troca que terão de fazer nas referências que lhes dão segurança. Seu ambiente é seu domínio e lá eles conhecem e confiam, não têm de ser surpreendidos por comentários ou atitudes mais hostis. O lar é o porto seguro e, por isso, geralmente gostam mais de ficar em sua casa, em seu quarto, com seus pequenos tesouros. Até um convite para sair, ir a um cinema, parque ou *shopping*, programas em que eles têm interesse, é recebido, primeiramente, com resistência.

É possível então imaginar o quanto é estressante mudar de casa (mesmo que a nova seja muito melhor), escola ou professor, quando as mudanças pequenas como o lugar à mesa, o colchão ou o travesseiro, o tipo de tecido do uniforme, são sempre muito incômodas.

Em relação a perdas, talvez o abalo que ocasionam esteja relacionado, também, a suas referências de segurança e pertencimento. Superdotados não gostam de se desfazer de seus guardados, fazem muitas coleções, juntam tudo porque podem precisar em algum momento e essa é uma característica que vai se manter pela vida. As mudanças quase sempre geram perdas e, desse modo, estão relacionadas.

Em perdas sérias para a família, a atitude dos superdotados surpreende os adultos. Muitas vezes, as crianças superdotadas encaram a morte de uma pessoa da família analisando como um processo natural da história de vida e com mais equilíbrio do que quando perdem uma figurinha de sua coleção. Isso, certamente, deixa os pais desconcertados e preocupados com a sanidade do filho.

Alguns comportamentos, entretanto, devem ser observados nos superdotados, como indicativos de que algo não está funcionando dentro do esperado. Há sinais de perigo que não devem ser ignorados, pois é mais fácil solucionar as dificuldades assim que se apresentam, do que após estarem instaladas.

Algumas vezes os pais esperam que os momentos mais difíceis ou comportamentos estranhos sejam apenas uma fase que irá passar com o tempo. Normalmente isso é verídico para a maioria das crianças e jovens. Entretanto, pode não ser para um superdotado.

A grande verdade, que poderia nos tranquilizar, é que eles, independentemente da idade, procuram sinalizar quando algo não está bem. Em contrapartida, também é uma grande verdade que, muitas vezes, se não a maioria delas, nós não conseguimos entender quando eles sinalizam, pois não insistem e são muito sutis em seu pedido de ajuda.

Nas crianças, esses sinais críticos quase sempre estão relacionados com seu núcleo de convivência mais próximo. Será importante procurar dar uma atenção especial quando a criança:

- Reclama que a escola é aborrecida ou que não gosta da escola.
- Procura desculpas para faltar às aulas. Sente-se mal, frequentemente fica doente, mostra-se cansada ou não quer ir para a escola.
- Diz que não gosta da professora, que ela grita muito, os colegas são infantis, não está aprendendo nada, termina as tarefas muito antes dos outros ou sempre está fazendo as mesmas coisas que já sabe.
- Procura a enfermaria constantemente, sente dor de cabeça ou estômago durante as aulas ou dorme na sala.
- Regride em domínios que já tinha, tanto físicos como intelectuais. Volta a usar fraldas ou a molhar a roupa, fala infantilmente, procura colo ou apoio de alguma pessoa da escola ou insiste em ficar no colo

dos pais quando volta para casa. Diz que não sabe fazer cálculos ou ler como fazia antes (principalmente quando os colegas ainda não sabem).

- Mostra problemas com sua autoestima, falta de confiança, desinteresse, medo de errar, insegurança.
- Diminui o rendimento, baixa seus resultados, esquece materiais ou esconde os testes.
- Altera o comportamento, fica mais agressiva ou mostra comportamentos de perfeccionismo e excessiva exigência.
- Começa a ter problemas alimentares, compulsão ou aversão por comida, intolerância orgânica a alimentos que anteriormente aceitava.
- Apresenta problemas com o sono, dorme muito ou não consegue dormir, tem pesadelos ou pavor noturno.

Os jovens e adolescentes mostram distorções de um comportamento natural para uma mudança radical. Deve ser dada maior atenção para situações de:

- Isolamento – Imposição de autoisolamento em relação à família ou seus pares. Evitar as ocasiões sociais e recusar convites para comparecer a atividades que antes apreciava.
- Problemas de rendimento acadêmico – Alterações expressivas nas preferências, rendimento, qualidade da produção, resultados, com descaso pelas consequências ou excessiva preocupação com suas falhas.
- Perfeccionismo extremo – Excessiva exigência com resultados, ansiedade por realizar tudo com perfeição a ponto de não valorizar pequenos avanços e só se contentar com a excelência.
- Desordens alimentares ou excessiva preocupação com a aparência – Essas desordens podem ser pelo modelo largamente valorizado da pessoa magra, elegante ou do rapaz musculoso e faz com que possam ser iniciados processos de anorexia, bulimia, compulsão por exercícios físicos, para alcançar a imagem já distorcida de si mesmo. Pode haver, também, a procura do conforto e satisfação trazidos pela comida e a pessoa se alimentar descontroladamente, sem medida ou critério.
- Abuso de substâncias químicas – De qualquer espécie, cigarros, álcool, drogas ou remédios.

- Interesse por violência – Na escolha de filmes, jogos, discussões, comunidades virtuais, gosto por armas.
- Atitudes rígidas ou compulsivas – Mesmo que sejam em relação ao estudo ou ao cumprimento de alguma meta desportiva.
- Fuga para a fantasia – Não aceitação da realidade e sonhos com realizações impossíveis.
- Preocupação com a morte – Interesse por temas relacionados ao assunto, descrédito da vida, da importância das relações, desfazer-se de valores, prêmios ou objetos que têm grande significado.

No caso de o indivíduo extremamente inteligente apresentar comportamentos como os que descrevemos, recomenda-se que seja procurada uma orientação especializada, de preferência com um profissional que conheça ou esteja envolvido com a área da superdotação.

É preferível, nesse caso, pecar pelo excesso de cuidado e não se deixar convencer com as inúmeras explicações que o superdotado possa dar. Pela sua grande inteligência e racionalidade, é comum que procurem justificativas convincentes, inicialmente para eles mesmos, sem ter noção de que necessitam de uma ajuda.

Mesmo com a ajuda externa, é bom lembrar que os superdotados reagem muito favoravelmente quando criam vínculos afetivos. Precisam de elogios, aprovação e demonstrações de confiança. Podem procurar o aconchego na cama dos pais, sem se sentirem envergonhados por isso. Necessitam de carinho e apoio, especialmente no caso de estarem apresentando indícios de algum desequilíbrio. O afeto é muitas vezes mais eficiente e efetivo do que qualquer medicação, pois as atitudes de acolhimento e as palavras de ajuda sincera perdurarão em sua memória para sempre.

RELACIONANDO A TEORIA COM A PRÁTICA

Todos os dias, ao sair da escola, o trajeto do retorno passa em frente a um cemitério. Coincidentemente, às 18 horas toca uma sirene. Um dia, Nicole perguntou por que tocava aquele apito e o pai explicou que era hora de fechar o cemitério e esse era o aviso para as pessoas saírem do local. Após alguns segundos vem aquele comentário conclusivo:

— É verdade, os mortos também têm que descansar!

Vários atributos intelectuais e de personalidade que caracterizam os alunos superdotados deveriam ser notados desde o início. Suas características mostram seus pontos dominantes e fortes, mas alguns de seus maiores problemas normalmente são provenientes do desconhecimento de como esses mesmos fatores dominantes são interpretados na escola, pela família ou amigos.

Quadro 6 – Possibilidade de problemas e interpretações errôneas sobre as características importantes dos superdotados

Características dominantes	Possíveis problemas
Adquirem e retêm informações rapidamente.	São impacientes com os demais; aborrecem-se com atividades rotineiras.
Possuem atitude inquiridora com número ilimitado de perguntas; buscam importância e significado das coisas.	Fazem perguntas embaraçosas; resistem a determinações; parecem sempre excessivamente interessados e esperam o mesmo dos outros.
Têm motivação intrínseca; variedade de interesses; curiosidade intelectual.	Têm dificuldade em aceitar as tarefas do grupo; são resistentes a orientações; possuem nível excessivo de energia; realizam muitos projetos ao mesmo tempo.
Apresentam capacidade incomum de resolver problemas, processar conceitos, abstrair e sintetizar.	Resistem a práticas rotineiras; ressentem-se por serem interrompidos; questionam procedimentos do professor.
Procuram entender as relações de causa e efeito.	Não gostam de tópicos obscuros, de situações sem explicação e de ideias ilógicas (tradições, sentimentos).

(continua)

(Quadro 6 – continuação)

Características dominantes	Possíveis problemas
Enfatizam a verdade; têm preocupações humanitárias; mostram, precocemente, elevados padrões de julgamento moral.	Intolerância com a falta de entendimento dos colegas; esperam que outros possuam valores similares; rejeição e possível isolamento.
Buscam organizar as coisas e as pessoas.	Constroem regras complicadas; são frequentemente vistos como mandões.
Têm vocabulário avançado usado apropriadamente, riqueza de informação, proficiência verbal.	Podem usar palavras para manipular e para evitar situações; aborrecem-se com a escola e colegas de mesma idade; são encarados como sabe-tudo.
Possuem grandes expectativas para si e para os outros.	Intolerantes, perfeccionistas; podem ficar deprimidos.
São criativos e inventivos; gostam de explorar novas formas para fazer as coisas.	Podem parecer disruptivos e fora do ritmo dos outros.
Apresentam capacidade intensa de concentração; grande atenção e persistência em áreas de seu interesse.	Negligenciam obrigações e pessoas durante o período em que enfocam o que gostam; resistem a interrupções; insubordinados.
Têm empatia com os outros; desejo de aprovação e aceitação em seu meio.	São suscetíveis a críticas ou rejeição; podem sentir-se diferentes, alienados (suicídios podem ocorrer por intensa depressão).
Possuem alto nível de energia; vivacidade e grande velocidade no processo de pensamento.	Frustração com inatividade, ausência de progresso; necessidade de estímulo contínuo; podem ser vistos como hiperativos.
São independentes, preferem tarefas individuais; confiantes em si mesmos.	Podem rejeitar opiniões dos pais ou colegas; inconformismo.
Mostram amplitude de interesses e habilidades; grande versatilidade.	Podem parecer dispersivos, desorganizados; frustração por falta de tempo; expectativa de constante competência.

Maria Lúcia Prado Sabatella

(Quadro 6 – conclusão)

Características dominantes	Possíveis problemas
Apresentam sensibilidade a injustiças pessoais e sociais; desde muito cedo amam a verdade, igualdade e sinceridade.	Apresentam esforço em reformas com objetivos irreais; preocupação com problemas humanos e sociais enfrentando grande sofrimento e frustrações.
Têm senso de humor incomum e sofisticado (pode ser gentil ou hostil).	Os colegas podem não entender seu humor; prejuízo nas relações interpessoais; podem se tornar o "palhaço da turma", na procura de atenção.

Fonte: Elaborado com base em CLARK, 1992.

Capítulo 7

7 Educação do aluno superdotado

Há questões nos testes que possibilitam respostas não esperadas. Na perspectiva de quem elabora, não cabe encontrar um aluno que pensa em todas as possibilidades, como no caso:

Marque a figura que não pertence ao grupo:

Triângulo   Quadrado   Círculo   Cubo

Ao corrigir as provas, o professor encontrou duas respostas abaixo do enunciado e, infelizmente, não considerou a amplitude de pensamento do aluno.

1 – Três figuras são planas e uma tridimensional.

2 – Três figuras possuem ângulos e uma não. (8 anos)

Ao iniciar uma análise sobre a educação dos superdotados, buscamos avaliar a trajetória e as inúmeras dificuldades para o entendimento de suas necessidades. Nessa busca, deparamo-nos com uma grande verdade que talvez seja um dos motivos para o esquecimento desses alunos nas salas de aula e para a falta de reconhecimento ou de compromisso com suas diferenças.

A educação especial, anteriormente dirigida somente aos alunos com dificuldades sérias, deficiências e impedimentos para frequentar a escola em classe comum, realizava sua educação em classes especiais. O desenvolvimento de estudos no campo da educação e a defesa dos direitos humanos vêm modificando os conceitos, as legislações e as práticas pedagógicas e de gestão, promovendo a reestruturação do ensino regular e especial, em que os superdotados foram incluídos como merecedores de uma educação especializada.

Pela sua inclusão em um grupo minoritário, no qual prevalecem as questões ligadas a situações clínicas, a educação dos alunos superdotados herdou a palavra *atendimento*, usada nas publicações da educação especial. Esse termo traz a conotação de ações realizadas fora da sala de aula, de cuidados específicos para dificuldades ou impossibilidades.

Procurando o sentido da palavra, *atender* ou *atendimento* significa prestar auxílio, ajuda, assistência, amparo, proteção, socorro, tratar, dar ajuda, ter cuidado.

Pesquisando a educação na formação do educador, as referências à atuação do professor e as propostas curriculares para a docência são sustentadas na formação de competências que possibilitem o desenvolvimento e o controle da aprendizagem. Dentre as palavras-chave encontradas estão *aprender, ensinar, planejar, avaliar*. As expressões curriculares abordam tecnologias e estratégias, recursos de ensino, instrumentalização, integração dos conhecimentos, postura investigativa, relação professor-aluno, práticas docentes. Sendo assim, não há correlação entre a terminologia trazida da educação especial e a que o professor está preparado para entender e assumir.

Podemos concluir, então, que o professor aprende a ensinar, e não a atender. Atendimento é algo distante da realidade da sala de aula e fica mais adequado a ações específicas, isoladas e individuais. Enquanto não adequarmos nosso discurso à realidade pedagógica da sala de aula, não poderemos esperar que os profissionais da educação se sensibilizem para desenvolver um trabalho apropriado aos superdotados.

A série de publicações do MEC, citada anteriormente como a mais recente e especializada para o entendimento e a orientação do trabalho com alunos superdotados, já faz a partir de seu título uma aproximação com a realidade escolar: *A construção de práticas educacionais para alunos com altas habilidades/superdotação* (Brasil, 2007).

A palavra *atendimento* não poderá ser abolida, pois é adequada em circunstâncias específicas. A legislação diz que o "atendimento educacional especializado" organiza recursos pedagógicos e de acessibilidade que eliminam as barreiras para a plena participação dos alunos, considerando as suas necessidades específicas. Esclarece, também, que as atividades desenvolvidas no "atendimento educacional especializado" diferenciam-se daquelas realizadas na sala de aula comum, não sendo substitutivas à escolarização.

É um atendimento que complementa e/ou suplementa a formação dos alunos, com vistas à autonomia e independência na escola e fora dela; disponibiliza programas de enriquecimento curricular, o ensino de linguagens e códigos específicos de comunicação e sinalização, ajudas técnicas e tecnologia assistiva, entre outros. Ao longo de todo o processo de escolarização, esse atendimento deve estar articulado com a proposta pedagógica do ensino comum.

A partir desse raciocínio aparentemente simples e somente semântico e da adequação da terminologia, acreditamos que haverá um maior entendimento por parte das escolas e dos educadores.

7.1 Necessidades educacionais especiais

> Garoto, ao ver irmãs gêmeas andando na rua:
> — Mãe, eu vi duas meninas de cara repetida! (4 anos)

Os esforços da pesquisa, no campo do comportamento humano, concorrem para reconhecer a superdotação como uma qualidade muito especial e mostrar que os alunos identificados precocemente poderão ser orientados para um melhor desenvolvimento, contribuindo para o progresso coletivo.

O próprio conceito de superdotação e as teorias a respeito da inteligência estão em constante estudo e desenvolvimento. Nesse sentido a compreensão de que é preciso proporcionar oportunidades adequadas aos indivíduos com necessidades educacionais especiais é entendida como o reconhecimento da existência de predominâncias e capacidades diferenciadas, bem como da importância de favorecermos condições para seu pleno desenvolvimento.

A importância de ofertar programas específicos para esses alunos é a de suprir e complementar as necessidades apresentadas, abrindo espaço para o amplo desenvolvimento pessoal e oportunidades para que eles encontrem desafios compatíveis com suas capacidades.

Quando as oportunidades diferenciadas não são encontradas, um dos únicos caminhos para os superdotados é tentar adaptar-se à rotina do ensino convencional, o que pode significar o desperdício de seus talentos e aptidões ou a desmotivação por não estarem devidamente assistidos, não conseguindo expandir nem demonstrar sua total capacidade.

Entretanto, vale lembrar que isso é permanente. O aluno não é superdotado apenas quando encontra atividades adequadas ao seu desenvolvimento; suas características e habilidades estão presentes em todas as horas do dia, todos os dias do ano.

Os alunos de maior potencial estão entre os responsáveis pela condução e pelo futuro da nossa sociedade; dessa forma, precisamos estar cientes do compromisso em auxiliar sua educação, trabalhando em conjunto com os segmentos que proporcionam as demais experiências de aprendizagem, especificamente a família, a escola e a comunidade.

- Família – Precisa ser instruída para reagir positivamente ao descobrir a potencialidade da criança, apoiando, compreendendo, buscando maiores informações e ajuda técnica adequada.

- Escola – Deve ajustar-se às peculiaridades da superdotação, começando por vencer muitos dos preconceitos que ainda existem entre os educadores. Necessita prover-se de meios de identificação para o reconhecimento e a inclusão de seus alunos.

- Comunidade – Pode abrir espaços e oportunidades para favorecer a convivência e o desenvolvimento dos alunos. Quanto mais acolhidos eles se sentirem, mais rapidamente se tornarão líderes, conscientes de suas capacidades e do que deles se espera.

7.2 Importância de programas especiais

> "Meus professores sempre me mandam fazer coisas como arrumar as carteiras, juntar os brinquedos, buscar material ou café para eles. Penso que, indiretamente, isso é porque eu sou mais esperto, porque eu termino minha tarefa mais rapidamente e fico sentado olhando os outros que ainda não acabaram." (11 anos)

A fundamentação de muitos programas educacionais deve basear-se na concepção de que, por maiores que sejam as aptidões e os talentos, caso não haja estímulo e práticas educacionais adequadas, os estudantes dificilmente atingirão um nível de excelência em suas realizações. É, portanto, no indivíduo que os alicerces e a organização de programas educacionais devem se basear.

Analisando essa afirmativa, ela se torna mais premente em relação aos alunos superdotados e nos chama à responsabilidade de procurar maior conscientização a respeito da necessidade de investir em metodologias que alcancem os alunos de potencial elevado. As necessidades desses alunos devem ser consideradas nas propostas educacionais, cientes de que abrangem a área acadêmica, mas também as áreas cognitiva, afetiva e social.

Conforme está previsto na legislação, os estudantes superdotados devem ter oportunidades educacionais que valorizem e respeitem suas necessidades diferenciadas quanto aos seus talentos, aptidões e habilidades. Sob essa perspectiva, relacionamos alguns aspectos importantes em sua educação, que podem auxiliar o trabalho de professores, terapeutas e outros profissionais.

- Beneficiam-se tanto das modalidades do ensino formal como do não formal.
- Atingem seu maior aproveitamento em um ambiente estimulador, que favoreça o desenvolvimento e a expansão de suas habilidades tanto quanto a ampliação de seus interesses.
- Têm necessidade de convivência criativa, atividades científicas, tecnológicas, artísticas, de lazer e desporto que congreguem grupos

similares, devendo ser estimulados e motivados por programas adjuntos de enriquecimento, como projetos de pesquisa, visitas, viagens, colônias de férias, participação em programas comunitários.

- Apresentam interesses variados e diferentes habilidades e, consequentemente, necessitam, também, de programas educacionais especiais, com atenção à individualização.

- Precisam encontrar desafios que girem em torno de ideias importantes e úteis, enriquecendo seu conhecimento e proporcionando oportunidades para alargar seus horizontes pessoais, projetar objetivos maiores e desenvolver o senso de responsabilidade e independência intelectual (Sabatella, 1995).

- Não devem ser afastados do mundo em que vivem e que fará sempre parte de seu cotidiano, desenvolvendo condições de saber lidar com as diferenças entre seu potencial e o dos outros indivíduos.

- Necessitam encontrar metodologia adequada a sua rapidez de raciocínio e grande capacidade de abstração, em um processo dinâmico de aprendizagem.

Assim, planejar alternativas pedagógicas para estudantes superdotados que alcancem as reais necessidades dos alunos, as expectativas dos pais, bem como correspondam à filosofia educacional das escolas – sem entrar em conflito com o ensino regular – é um trabalho que deve ser executado com habilidade e critério.

O acesso a um tratamento diferenciado, adaptado às condições pessoais do estudante e que garanta igualdade de oportunidades implica oferecer possibilidades para que cada um possa desenvolver plenamente seus dons pessoais.

Existem várias modalidades de alternativas e um dos grandes empecilhos para seu sucesso deve-se, em grande parte, à tentativa de implementar um programa, pretendendo adequá-lo aos grupos já estabelecidos na seriação escolar, cuja separação por faixa etária pressupõe uma correspondente igualdade de nível intelectual. Essa é uma conduta que vem sendo repetida em quase todos os ambientes educacionais, até mesmo em cursos livres de idiomas, artes visuais, música, teatro ou escolinhas de esporte.

Como os alunos superdotados não são identificados na matrícula, tanto em escolas regulares como em cursos de desenvolvimento específico, são classificados conforme sua idade cronológica. Frequentam turmas que, em geral, não apresentam uma correspondência com sua capacidade real nem os estimulam a alcançar o que têm condições de acompanhar.

Para alunos superdotados esse não é o procedimento mais adequado, pois eles possuem, basicamente, dois grupos de companheiros com os quais necessitam interagir: os pares de mesma idade e os pares intelectuais. Na convivência escolar, têm contato com colegas de mesma idade, socializam-se, brincam dentro dos limites de seu desenvolvimento físico e motor, experimentam a inclusão e aprendem, ao mesmo tempo, a coexistir com a desigualdade. Por outro lado, ao participarem de atividades especiais dentro e fora da sala de aula encontram seus pares intelectuais e, convivendo com iguais, diferenciam-se. Podem, ainda, satisfazer suas curiosidades particulares, buscar desafios compatíveis com seus potenciais e trabalhar seus afetos e emoções, aprendendo sobre si mesmos (Sabatella; Cupertino, 2007)

MITO – SUPERDOTADOS NÃO PRECISAM DE OPORTUNIDADES ESPECIAIS

Em países desenvolvidos, em que há boa qualidade de ensino, o superdotado tem possibilidades de encontrar estímulo e desenvolver suas habilidades na escola. No Brasil, a luta ainda é pela qualidade do ensino para todos os alunos; assim, a Seesp/MEC tem publicado documentos para a orientação dos professores, de todas as áreas, para que o processo de inclusão se efetive realmente. Até agora o superdotado não foi incluído nem excluído, foi simplesmente esquecido. (Pérez, 2003)

Relacionando a teoria com a prática

Como os superdotados ocupam seu tempo ocioso na escola?

Perguntamos a muitas crianças como ocupam o tempo na escola quando terminam os seus trabalhos antes que os colegas e algumas das respostas foram:

- Desenho escondido. Rabisco as margens do caderno.
- Termino as tarefas, tento adiantar o que foi pedido, assim não tenho de levar nada para casa.
- Escrevo histórias ou fico inventando contas diferentes.
- Fico olhando para cima e esperando; penso em histórias que li ou programas da TV, começo a relembrar e ver novamente em minha cabeça.
- Adianto as "lacunas" para preencher nas lições que ainda não estudamos (sem deixar o professor perceber).
- Peço para ir ao banheiro.
- Levo sempre um livro, uma revista ou palavras cruzadas.
- Converso com os outros.
- Tento ajudar os colegas a terminar as tarefas mais rapidamente. Nem sempre dá certo, pois tenho de levantar e mudar de lugar.

7.3 Alternativas educacionais para alunos superdotados

A professora da Giovanna (1 ano e meio) alertou a mãe para prestar mais atenção à criança. Quando o alerta se repetiu, a mãe entrou em pânico perguntando o que a professora estava sugerindo. Meio titubeante, ela disse que Giovanna contava que andava no teto e que isso podia ser sinal de que algo não estava bem com a criança ou com a família.

É difícil para um professor entender que o pai de Gi, muito alto, chegava em casa e brincava de carregá-la de ponta cabeça, e ela, encostando os pés no teto, ia andando por tudo naquela posição.

A euforia para contar do que brincava destoava das outras crianças que, provavelmente, relatavam brincadeiras mais adequadas à conhecida listagem dos professores.

Em um simpósio em Genebra, quando a discussão versava sobre metodologia de ensino, foi perguntado a Piaget qual o método que ele achava melhor. Ele respondeu que não existia método melhor nem pior, que só existe um tipo de método: o método adequado (Novaes, 1979). Ao tratarmos de alunos superdotados, a metodologia mais adequada tem de ser composta por meio de uma combinação entre as alternativas possíveis. Torna-se importante conhecermos quais são essas ações e estarmos cientes de que seu ponto de partida para implementação, de forma geral, é dentro da estrutura tradicional do funcionamento das escolas. Não se pode fugir, na maioria das vezes, do sistema organizado em séries, com disciplinas isoladas, aulas com duração definida dentro da graduação dos conteúdos específicos para cada ano letivo.

Nos programas destinados ao aluno superdotado, três metodologias principais são normalmente utilizadas: aceleração, enriquecimento e grupos de habilidade (segregação).

A evidência é clara de que não são métodos que devam ser adotados com exclusividade, pois há entre eles pontos comuns. A sua divisão é para entendimento didático, pois a descrição das ações sobre seu funcionamento mostra um entrelaçamento de pontos em comum. Cada alternativa atende a diferentes necessidades e, na prática, todas são utilizadas, pois a aceleração, conduzida de forma adequada, tende a ser um enriquecimento, ao passo que um programa mais amplo e flexível, levado a efeito de forma apropriada, também ocasionará uma aceleração (Stanley, 1980).

Podemos observar que, para que se efetivem ações nesse sentido, há critérios estabelecidos nas deliberações oficiais, mas os administradores escolares ainda demonstram muito receio para aceitar e colocar em prática, principalmente a aceleração, seja por progressão de série, seja pela entrada antecipada na escola. Em algumas ocasiões, isso ocorre pela carência de profissionais com conhecimento e segurança para desenvolver um programa e acompanhar os resultados; em outras, o receio é pela falta de esclarecimento e apoio nos órgãos oficiais de cada estado, os quais também se mostram hesitantes sobre como cumprir as exigências burocráticas para esse procedimento.

7.3.1 Aceleração

> No final do ano, o Rafa (6 anos) trouxe para casa o material feito no decorrer do período letivo. A apostila de treino do alfabeto continha duas páginas para cada letra: a primeira para o treino ortográfico da letra cursiva e a seguinte destinada a escrever três palavras que começassem com aquela letra e ilustrar com os respectivos desenhos.
>
> Ao olhar o material, algumas letras chamaram a atenção dos pais, como o Q, onde se lia "Quirguistão", com o desenho de sua bandeira, o "T", onde havia "Tuvalu", com a bandeira, e o "U" com "Uzbequistão", também acompanhado do desenho correto da bandeira.
>
> Tempos depois os pais encontraram a professora e ela confessou que aquele "Quirguistão" foi a gota d'água para ela chamar a coordenadora e sugerir a aceleração.

Acelerar significa cumprir o programa escolar em menor tempo. Pode ser por admissão precoce na escola ou na universidade como também pela redução do período de tempo determinado pela seriação escolar, permitindo que o aluno realize seus estudos em tempo inferior ao previsto. Isso pode ser efetivado com o avanço do aluno para uma série mais adiantada, ao ser constatado que já domina os conteúdos da série em que se encontra, evitando que fique entediado, desestimule-se e desista da escola.

Pode também ocorrer por um aumento do ritmo do ensino-aprendizagem e flexibilização do currículo, proporcionando oportunidades mais compactas para abranger algumas etapas em menos tempo, com atividades durante as férias, períodos de contraturno, cursos a distância ou obtendo créditos em exames especiais, que possibilitem a dispensa de algumas disciplinas.

A aceleração é uma alternativa que apresenta dúvidas, vantagens e desvantagens levantadas por aqueles que se dedicam à elaboração de projetos direcionados às necessidades educacionais do aluno superdotado. Pode ser uma solução mais econômica e positiva para a escola porque utiliza os recursos já existentes e os mesmos professores. Para a criança e a família, constitui-se em uma resposta imediata e eficiente, na medida em que mantém a motivação do aluno, o qual, por sua vez, preenche mais rapidamente os requisitos de sua formação. Por outro lado, pode ser contraproducente se não houver trânsito livre e boa comunicação entre as diferentes instâncias da instituição de ensino.

Pais e profissionais, muitas vezes, ficam receosos sobre se o aluno será bem recebido em uma série mais avançada e se poderá acompanhar emocionalmente os alunos mais velhos. Existe, também, grande preconceito entre os professores, que se ressentem pela falta de informações sobre a superdotação, pela insegurança de ter sucesso com a diversidade e receio pela capacidade de adaptação do aluno.

A aceleração é um processo avançado, uma alternativa educacional cujo objetivo é a adequação social e curricular do aluno, fugindo ao padrão usual da seriação ou de áreas de conteúdo. Ela exige compatibilização com a legislação, pessoal especializado e adaptações curriculares, caso haja pré-requisitos em algum conteúdo. Em termos legais, a Lei de Diretrizes e Bases da Educação Nacional (LDBEN) prevê a "aceleração para concluir em menor tempo o programa escolar para superdotados [e reforça a possibilidade dessa alternativa quando determina que os alunos com necessidades educacionais especiais devem ter garantido o] acesso aos níveis mais elevados do ensino, da pesquisa e da criação artística, segundo as capacidades de cada um" (Brasil, 1996).

A aceleração vem sendo aceita e adotada com mais frequência, à medida que os educadores comprovam seus resultados e não constatam prejuízo para o aluno. A lei determina que esse recurso seja de competência das instituições de ensino que podem atestar a competência acadêmica de seus estudantes. Permite que a escola, ao constatar o grau de conhecimento de um aluno e verificar que está apto para determinada série, faça a sua adequação matriculando-o no nível correspondente ao seu desenvolvimento. Isso pode acontecer independentemente da escolarização anterior.

A admissão antecipada, entretanto, ainda encontra sólidas barreiras. Apesar do amparo legal, as escolas sempre dificultaram o ingresso do aluno superdotado no ensino fundamental antes da idade estipulada para todos os demais.

Inúmeras pesquisas foram realizadas com alunos que tiveram o ingresso precoce na escola e com os que aceleraram a seriação curricular, assim como foram feitos estudos retrospectivos de indivíduos que entraram precocemente na universidade. A conclusão é de que a aceleração educacional de indivíduos academicamente mais competentes não tem resultado em prejuízo. Em todas as modalidades, nenhum problema de ajustamento foi verificado, o que sugere que a resistência observada é fruto de noções preconcebidas, e não de fatos (Daurio, 1979).

Muitos alunos superdotados, com níveis de desenvolvimento intelectual, cognitivo e socioemocional avançados, aptos para o ensino fundamental, foram barrados por sua idade, pois em quase todo o território nacional o ingresso na primeira série do ensino fundamental esteve limitado para o ano em que a criança completasse sete anos. Os argumentos para essa atitude se baseavam na preocupação com a maturidade da criança, o desejo de garantir sua infância, a afirmação de não ultrapassar as etapas consideradas como normais.

Para surpresa dos educadores, em 2006, a Lei n° 11.274 reformulou o art. 32 da Lei n° 9.394/1996 (LDBEN) referente ao tempo de duração do ensino fundamental, que foi alterado para nove anos obrigatórios. Agora os pais são responsáveis por matricular os filhos na escola com a idade mínima de seis anos.

Todas as crianças, a partir de então, foram consideradas maduras e competentes para iniciar o ensino formal aos seis anos. Isso mostra que a preocupação com os alunos superdotados ainda é muito restrita. Estudantes superdotados anteriormente prejudicados pelo limite da faixa etária poderão ingressar um ano antes, mas terão de conviver com outras crianças ainda imaturas para o ensino fundamental ou despreparadas para as rotinas acadêmicas. Naturalmente isso fará com que o andamento dos conteúdos seja mais lento, menos exigente e que continue ainda mais inadequado para os superdotados.

"Manter na segunda série uma criança que é capaz de executar atividades da sexta série não significa poupar a infância desse aluno, mas, ao invés, é destruir nesse indivíduo o desejo de aprender" (Winner, 1998, p. 12).

7.3.2 Enriquecimento

Enriquecer consiste em promover experiências variadas de estimulação com o objetivo de atingir um desempenho mais expressivo, apresentando desafios compatíveis com as habilidades já desenvolvidas pelo aluno. Dentro da sala de aula o desenvolvimento dos conteúdos para o aluno superdotado não precisa ser diferente de seus colegas. O programa de cada série inclui novidades e pré-requisitos que devem ser interessantes e motivadores para todos. A diferença deve ser feita na proposição de atividades de enriquecimento, essenciais para os superdotados por permitir a busca espontânea por assuntos relacionados com seus interesses, o desenvolvimento dos processos de pensamento e maiores oportunidades de ampliação de conhecimentos.

O enriquecimento é feito basicamente em três aspectos: dentro dos conteúdos curriculares, com adaptações ou ampliações de seus assuntos, de acordo com os interesses do aluno; dentro de um determinado contexto de aprendizagem, com flexibilização ou diversificação do currículo; e com projetos independentes (individuais ou em pequenos grupos) sejam em oficinas, concursos, orientação com especialistas e mentores, em atividades extracurriculares, realizadas em programas ou cursos para desenvolvimento pessoal em áreas específicas. As ações pedagógicas dessa metodologia podem ser realizadas:

- pelo professor da turma, em sala de aula, adotando estratégias e técnicas de ensino variadas;
- por um professor especialista, realizada em núcleo de recursos especiais, com atividades paralelas às desenvolvidas em classe;
- pela montagem de um currículo totalmente enriquecido como consequência do conteúdo aprofundado, usado individualmente para os talentos específicos ou em classe comum, sem quebra da unidade do programa;

- por profissionais altamente habilitados em áreas específicas do saber, que atuam como mentores e orientadores no desenvolvimento pessoal e acadêmico do aluno.

Esses programas podem tomar muitas formas, por exemplo:
- incluir novas unidades de estudo, permitindo que o aluno complete o conteúdo proposto em menor tempo;
- estimular a investigação mais ampla dos conteúdos ensinados, fazendo com que seja utilizado maior número de fontes de informação;
- desenvolver projetos originais em determinadas áreas do conhecimento.

São metodologias que podem ser realizadas tanto em sala de aula como em atividades extracurriculares. Gowan e Torrance (1971) afirmam que é pouco realístico esperar que o professor de uma turma heterogênea de tamanho médio tenha condições de desenvolver com sucesso um programa de enriquecimento dos conteúdos curriculares para os alunos superdotados.

Embora seja uma proposta mais complexa para ser praticada na escola, essa modalidade é a que oferta a maior variedade de alternativas e, desse modo, tem mais amplitude para estar adequada à diversidade de habilidades, tipos de inteligência, interesses e estilos de aprendizagem dos alunos. Entretanto, é a que vai demandar mais planejamento e empenho, a formação dos profissionais, material específico, além de um investimento maior.

Quando há dificuldade para a realização do enriquecimento na própria sala de aula, consideramos mais vantajoso favorecer atividades extraclasse em centros de aprendizagem, nos quais os alunos, organizados em grupo, podem desenvolver trabalhos relacionados a seus interesses e habilidades.

Recomendamos que sejam propostas mais livres, nas quais possam ter liberdade para escolher os assuntos que desejam estudar, sua extensão e profundidade, permitindo, ainda, a utilização do estilo preferido de aprendizagem desses alunos. Assim, o papel mais adequado do professor será o de um facilitador na identificação de problemas e na orientação de métodos de pesquisa (Alencar, 1986).

Os pais, os demais professores e os componentes da equipe técnica também são facilitadores, pois a atuação dos envolvidos nesse processo é uma expressiva linha de apoio no cumprimento dos objetivos educacionais, auxiliando no desenvolvimento dos talentos que constituirão o futuro de nossa sociedade. Precisamos continuar a educar e a expandir o quadro de facilitadores, se desejamos efetivar as contribuições e acréscimos que os superdotados são capazes de realizar (Seeley, 1979).

MITO – SUPERDOTADOS DESENVOLVEM SEU POTENCIAL SEM PRECISAR DE AJUDA

É um engano pensarmos que superdotados têm recursos suficientes para desenvolverem sozinhos suas habilidades, não sendo necessária uma intervenção pedagógica compatível e o apoio para a realização de atividades diferenciadas. A realidade é que alunos com altas habilidades/superdotados necessitam de uma variedade de experiências de aprendizagem enriquecedoras que estimulem seu potencial. (Brasil, 2002)

Nos estudos de Renzulli, esse aspecto é ressaltado quando se propõe um modelo de enriquecimento curricular para alunos superdotados com destaque nos três tipos de atividades descritas a seguir: experiências exploratórias, atividades de aprendizagem e projetos individuais ou em grupos.

1. Experiências exploratórias gerais para classificar interesses e habilidades do aluno não fazem parte do currículo regular e são implementadas por várias atividades, como palestras, exposições, minicursos, visitas, passeios e viagens ou por materiais audiovisuais, filmes, programas de televisão, internet e outros.

2. Atividades de aprendizagem para ajudar o aluno a aprender como fazer, usando metodologia adequada à área de interesse, fornecendo instrumentos e materiais, ensinando técnicas que contribuam tanto para o desenvolvimento pessoal como para habilidades criativas e críticas, para habilidades de pesquisa, de altos níveis de processos de pensamento.

3. Projetos desenvolvidos individualmente ou por grupos de alunos, com o objetivo de investigar problemas reais, favorecem o aprofundamento em uma área de interesse, o conhecimento no desenvolvimento de projetos e produção da informação, bem como podem usar os meios encontrados no ambiente escolar ou na comunidade. Trabalham com recursos humanos e materiais avançados e são encorajados a procurar profissionais da sua área de pesquisa para desenvolver produtos. (Renzulli, 1984)

Nos dois primeiros tipos, as atividades também são apropriadas para o ensino em geral. Sempre que o professor atuar com maior profundidade ou dentro de interesses individuais, pode fazer para toda a classe. A experiência tem mostrado que não é só o superdotado que se beneficia com essa oportunidade. Quase sempre o professor surpreende-se com a melhora na produção de todos os alunos e a motivação que demonstram para enfrentar desafios maiores.

Um dos aspectos considerados especialmente importantes em um programa de enriquecimento é a necessidade da ênfase no treinamento de processos cognitivos de um nível mais elevado (Alencar, 1986).

Perante as dificuldades na execução desse tipo de programa na própria sala de aula, pode ser vantajoso desenvolvê-lo utilizando as atividades extraclasse, clubes de ciências, música, literatura, matemática ou centros de aprendizagem. Assim, os alunos com aptidões especiais organizam-se em grupo e podem desenvolver trabalhos de acordo com seus interesses e habilidades (Alencar; Fleith, 2001).

Para o estudante, essa possibilidade traz inúmeras vantagens, além de menor preocupação com os resultados para pais ou professores, pois o aluno permanece em seu ambiente.

7.3.3 Grupos de habilidade

O sistema de agrupamento específico utiliza práticas educacionais de trabalho em grupos de habilidade em escolas ou classes especiais ou em grupos pequenos que têm atenção diferenciada dos demais alunos, dentro da própria sala de aula regular.

Esse método é mais controvertido, se for usado de forma exclusiva. Consiste em escolher e separar os estudantes por nível intelectual ou desempenho em áreas específicas. Os estudantes selecionados são encaminhados a classes especiais para assistirem a aulas em níveis mais adiantados ou autorizados a se retirarem da sua sala para realizar outras atividades, por determinados períodos de tempo. Essa metodologia pode ser mais radical, quando os alunos escolhidos são encaminhados para escolas especializadas, como acontece em outros países.

Como nas demais alternativas, há opiniões divergentes a respeito. Barbe afirma que esse é o melhor método pelo qual a escola pode levar a criança a dedicar-se com entusiasmo a tarefas que lhe sejam interessantes por acessarem a sua capacidade superior, facilitando também o trabalho do professor (Barbe, 1965). Alguns, como McWilliams, afirmam que os superdotados variam em sua esfera de talentos, sendo difícil ou quase impossível a completa separação em grupos. Além disso, eles aconselham que o superdotado precisa aprender a conviver com indivíduos de menor habilidade e só um grupo heterogêneo favorecerá tal aprendizagem (McWilliams, 1965). Outros acreditam que o fato de saberem que fazem parte de um grupo de habilidade superior pode fazer com que desenvolvam uma atitude esnobe e orgulhosa (French, 1964). Nesse aspecto, a orientação dos alunos e a atitude dos pais e professores são essenciais.

Para o uso dessa metodologia, Clark (1992, tradução nossa) sugere que é preciso:

- reconhecer as amplas diferenças individuais e a heterogeneidade do grupo, incluindo sempre alguma instrução individualizada;
- evitar a completa segregação, dando oportunidade, aos alunos, para uma convivência escolar com outros de diferentes habilidades;
- selecionar professores bem qualificados que devem estar constantemente atualizados quanto a pesquisas, formas de avaliação e propostas curriculares específicas para esses alunos;

- encorajar o desenvolvimento em várias áreas, além da intelectual;
- haver sempre o contacto e a comunicação tanto entre os diversos professores como entre professores e pais.

Em todas essas formas de agrupamento, observamos a existência de um maior enfoque no aspecto acadêmico e intelectual, embora, na maioria das orientações educacionais atuais, já se note a compreensão das características dos alunos superdotados desenvolvidas em diversas áreas e seu impacto na implementação de práticas educacionais que valorizam o desenvolvimento pessoal, a criatividade e as áreas artísticas.

Relacionando a teoria com a prática

O Juan (3 anos) e a irmã menor persistem em jogar tudo na piscina: chaves de fenda, pedaço de pau, feijão, boneca, carrinhos, enfim... Outro dia, seu primo achou o controle de um carrinho e mostrou para o Juan e ele, tentando saber onde estava o carro, perguntou para o pai. Como o pai já havia visto o brinquedo na piscina, respondeu:

— Está lá no fundo da piscina.

Juan (na fase dos porquês) perguntou por que estava lá. Então o pai, pensando em fazer com que o filho visse a consequência de suas ações, ironizou com outra pergunta:

— É, por que será que está no fundo da piscina, não é, Juan?

Sem tirar os olhos do Lego que montava, o Juan respondeu:

— O carro está no fundo da piscina porque é mais pesado do que a água!

Fez-se então um minuto de silêncio e o Lego continuou a ser montado...

Muitas situações que os alunos superdotados enfrentam são decorrentes das dificuldades que as escolas têm para dar cumprimento às determinações e orientações legais. A falta da capacitação dos professores ainda tem se mostrado como o principal empecilho para adotar as práticas educacionais recomendadas.

- Aceleração – Em casos nos quais é feita a aceleração, alguns professores esperam que o aluno, vindo de uma série anterior, tenha conhecimento de todos os conteúdos que foram desenvolvidos antes do seu ingresso naquela classe. É como se a condição de ser superdotado incluísse a mágica possibilidade da adivinhação. Em algumas escolas, os professores ficam tão inseguros quando notam que o estudante não domina algum conteúdo que fazem o aluno retornar para a sua série original sem ao menos oportunizar o contato com o material ministrado anteriormente. É natural que pré-requisitos devam ser explicados e o aluno superdotado terá mais facilidade e rapidez para entendê-los, mas isso não ocorre sem um período de adaptação e adequação acadêmica e social. O fato de uma criança ser muito inteligente não significa que ela possa (ou deva) aprender por si só.

- Enriquecimento – Sempre que se solicita ao professor que enriqueça, flexibilize ou aprofunde os conteúdos curriculares para determinado aluno, deve-se ter a certeza do entendimento que enriquecer é proporcionar maior qualidade no ensino, o que é muito diferente de ocupar o aluno.

  Comumente, o que encontramos, quando o professor se interessa em propor um programa de enriquecimento, é a exigência da resolução de um maior número de exercícios, mais tarefas escolares ou o acréscimo de mais conteúdo programático a ser dominado. O enriquecimento – que deve significar maior qualidade – passa a ter a conotação de maior quantidade.

- *Outras vezes, o conteúdo escolhido para o enriquecimento é cumprido, mas, normalmente, não se dá a devida importância à prática do pensamento crítico ou a enfoques mais originais e aprofundados na abordagem de um problema nem são consideradas novas metodologias nesse processo.*

- Agrupamento – O verdadeiro sentido dessa metodologia não é facilmente alcançado, pois ainda estamos iniciando o entendimento das necessidades educacionais especiais do superdotado. A ideia mais comum é que se deva procurar escolas onde estudem somente alunos superdotados. Os pais quase sempre perguntam a respeito da escola ideal para seu filho e alguns gestores escolares, ao perceberem um aluno superdotado, não se sentem preparados para atendê-lo e solicitam que a família procure outra escola mais adequada. Essa atitude mostra a resistência encontrada para tratar os alunos de modo diferenciado dentro da sala de aula. O que é uma situação pedagógica de inclusão escolar está sendo vista como um problema a mais para a escola.
- A melhor escola para alunos superdotados é aquela que os acolhe e que tem um bom diálogo com a família. É aquela escola aberta para aprender e propiciar oportunidades diferenciadas para potenciais também diferenciados.

7.4 Modalidades de estratégias pedagógicas

Rafael, na 1ª série, já estava fascinado por raiz quadrada. A escola, decidida pela aceleração, começou a fazer sua adaptação e levá-lo para assistir a algumas aulas no 3º ano, dizendo que ele faria um estágio. Um de seus amigos disse que também gostaria de fazer o tal estágio e Rafael esclareceu:

— É só você aprender raiz quadrada que certamente você pode fazer o estágio.

Em alguns dias ele voltou decepcionado para casa, dizendo que achava que não aprenderia raiz quadrada na escola, pois, na classe do estágio, as crianças ainda estavam fazendo somas e multiplicações.

A inclusão escolar tem início na educação infantil e está prevista legalmente para acontecer enquanto o aluno permanecer no sistema de ensino. É nos primeiros anos que se desenvolvem as bases necessárias para a construção do conhecimento e o desenvolvimento global do aluno. Nessa fase, a criança tem uma grande atração pela escola e seu acesso às formas diferenciadas de comunicação, a riqueza de estímulos nos aspectos físicos, emocionais, cognitivos, psicomotores e sociais e a convivência com as diferenças favorecem o respeito e a valorização das relações interpessoais.

Em todas as etapas e modalidades da educação básica, o acesso a oportunidades educacionais especiais, direcionadas para o desenvolvimento de todos os alunos, deve ser oferta obrigatória dos sistemas de ensino e ser realizado na classe comum ou em centros especializados para esse serviço.

As ações da educação especial, segundo os documentos orientadores, possibilitam a ampliação de oportunidades, o desenvolvimento de estratégias pedagógicas ou programas individuais que favoreçam a efetiva inclusão educacional.

Segundo esses documentos, os alunos com altas habilidades/superdotação deverão cursar, com os demais alunos, a escola regular comum, nos vários níveis de escolaridade, em turmas não muito numerosas a fim de facilitar adequação de estratégias que respeitem as diferenças individuais, bem como sua inclusão escolar, utilizando o currículo e material didático existentes. Observando esse critério e de acordo com suas potencialidades, esses educandos podem ser inseridos nas modalidades: classe comum, salas de recursos e por meio do ensino com professor itinerante.

a. **Classe comum** – É uma alternativa que exige atividades de apoio paralelo ou combinado, para garantir que o aluno mantenha o interesse e a motivação; o professor pode receber orientação técnico-pedagógica de docentes especializados, no que se refere à adoção de métodos e processos didáticos especiais.

Clark (1992, tradução nossa) tem uma posição definitiva a respeito do atendimento em classe comum, quando afirma que "A classe regular, como é tradicionalmente organizada, não é adequada à educação de superdotados. Ela se presta mais a um grupo de instrução com um cenário curricular". Para complementar, a autora acrescenta ainda um comentário de Whitmore (1980, citado por Clark, 1992, tradução

Maria Lúcia Prado Sabatella

nossa), em que ele declara que "parece provável que futuras pesquisas possam provar que a classe regular é o meio mais restritivo para o superdotado. [...] Esse parecer, provavelmente, será realidade se os professores não forem ajudados a estar mais habilitados para, efetivamente, individualizarem a instrução".

b. **Salas de recursos** – É uma das modalidades utilizadas para desenvolver programas educacionais específicos para os alunos superdotados e se realiza em horário diferente ao da classe comum. O trabalho na sala de recursos requer professores especializados e organização de atividades específicas, tendo por objetivo o aprofundamento e o enriquecimento do processo ensino-aprendizagem, assim como a criação de oportunidades para trabalhos independentes e para investigações nas áreas das habilidades e talentos. A sala de recursos pressupõe um espaço adequado às atividades programadas e pode ser implantada em qualquer escola, porque difere da classe regular somente no que se refere aos equipamentos. O atendimento é individual ou em pequenos grupos, variando de um a cinco alunos de diferentes séries, com cronograma adequado de acordo com as características de cada educando. Isso requer planejamento conjunto entre o professor da sala de recursos e o próprio aluno, avaliação periódica e sistemática da programação e observação de critérios para a composição dos grupos. O pessoal técnico (supervisor, orientador, diretor e demais pessoas da equipe) deverá receber informações periódicas sobre as atividades que estiverem sendo desenvolvidas. Se essa opção for a única providência no sentido de proporcionar ações adequadas às necessidades dos superdotados, o resultado poderá ser uma experiência parcial, sem continuidade, sendo raras as vezes que chegará a atingir o limite total das expectativas. Se for considerada como parte de um programa bem integrado, ela proporcionará um começo para experiências de enriquecimento e aumentará as alternativas ofertadas aos professores em busca do desenvolvimento de interesses e talentos especiais (Clark, 1992, p. 68).

c. **Ensino com professor itinerante** – Trata-se de uma alternativa de trabalho educativo. É desenvolvido por um professor especializado e/ou supervisor, individualmente ou em equipe, o qual, periodicamente, atua com os alunos identificados como superdotados e que integram um grupo de atendimento complementar. Proporciona, também, ao professor da classe, a orientação sobre procedimentos pedagógicos mais adequados a esses estudantes. Esse modelo, que permite e assegura compatibilidade e unidade da ação educativa, pode ser realizado na escola comum, sendo especialmente recomendado em regiões de carência no atendimento educacional.

Recomenda-se o intercâmbio de informações técnicas entre o professor itinerante e os responsáveis pelo acompanhamento na escola. Assim, o professor da classe tem a orientação técnico-pedagógica de um especialista que deverá acompanhar e avaliar as propostas a serem desenvolvidas e ambos poderão verificar o ganho de seus alunos.

O professor itinerante pode, ainda, ser o profissional que estabelece um elo entre a escola regular comum, a família e outro atendimento educacional especializado que esteja sendo utilizado.

Na prática, essa modalidade ainda é muito difícil de acontecer, pois necessita que o professor itinerante seja qualificado e tenha grande experiência na área e os sistemas de ensino não contam com esse profissional.

7.4.1 Núcleos de atividades de altas habilidades/superdotação

Marina (7 anos) nos recebeu em Brasília com a mesma euforia e acolhimento que a mãe estava demonstrando. Entre tantos agrados, foram comprar quitutes em uma padaria, com nome de Biscoito Mineiro, cujas delícias, só de olhar, já fazem pesar a consciência de qualquer pessoa. No meio do lanche, entre os elogios à qualidade e especialidades da confeitaria e a tentação para provar mais, Marina dá a palavra decisiva:

— É, lá no Biscoito Mineiro eles são especializados em fazer preenchimento orgânico.

A atuação da Seesp/MEC na implantação da política de educação especial tem se baseado na identificação de oportunidades, no estímulo às iniciativas, na geração de alternativas e no apoio aos sistemas de ensino que encaminham para o melhor atendimento educacional do aluno com altas habilidades/superdotação.

Nesse sentido, a Seesp, em parceria com as Secretarias Estaduais de Educação, iniciou, em 2005, a implantação dos Núcleos de Atividades de Altas Habilidades/Superdotação (NAAH/S), em todas as unidades da federação. Com essa ação, está procurando disponibilizar recursos didáticos e pedagógicos e promover a formação de professores para conhecer e saber atuar com os desafios acadêmicos e socioemocionais dos alunos que apresentam altas habilidades/superdotação.

Esse projeto representa um avanço na educação do aluno superdotado no país, pois é uma proposta atual, implementada nacionalmente e em sintonia com a produção científica na área (Brasil, 2007). Os núcleos devem receber os alunos superdotados, promover a formação e a capacitação de professores para identificar esses alunos, oferecer acompanhamento aos pais e à comunidade em geral, no sentido de produzir conhecimentos sobre o tema, disseminar informações e colaborar para a construção de uma educação inclusiva e de qualidade. Seu funcionamento tem um caráter sistêmico ao proporcionar, em suas unidades, o envolvimento do professor, do aluno e da família.

Para subsidiar as ações desse projeto, a Seesp convidou especialistas para elaborar um conjunto de quatro volumes de livros didático-pedagógicos que abordam a construção de práticas educacionais para alunos com altas habilidades/superdotação (Brasil, 2007). O volume de introdução trata as altas habilidades/superdotação: encorajando potenciais; o primeiro volume é sobre a orientação a professores; o segundo traz atividades de estimulação de alunos, e o último se reporta ao aluno e à família. Esse material é referência, tanto como legislação a ser seguida como para o trabalho que está sendo desenvolvido.

Essa é a mais recente publicação, dirigida para o conhecimento e as ações na área das altas habilidades, para proporcionar material de apoio para os NAAH/S, assim como para os educadores e escolas, editada em 2007, e disponível para acesso no portal do MEC*.

São ideias e procedimentos para que cada estado, dentro de sua realidade, possa organizar o sistema educacional, no sentido de atender às necessidades e interesses dos alunos superdotados, garantindo seu acesso a espaços destinados ao desenvolvimento de sua aprendizagem.

Nesse material, os professores encontram muitas orientações e sugestões que lhes dão segurança sobre possibilidades de melhor entender e acolher os alunos superdotados. O mais indicado para a equipe escolar na busca da formação de competências é utilizar esses livros para desenvolver grupos de estudos e explorar profundamente as possibilidades de aprendizado que eles proporcionam. Os vários textos, abrangendo grande variedade de assuntos ligados ao tema, e as alternativas de procedimentos didáticos específicos, certamente, serão de grande ajuda para os educadores.

Embora a implantação inicial de um núcleo por estado possa parecer uma ação pequena, o grande esforço da Seesp/MEC no sentido de promover seminários de orientação para os representantes estaduais, apoiar cursos de capacitação e dar suporte teórico e técnico para a execução desse projeto proporciona segurança aos educadores e já traz esperança de que o reconhecimento das necessidades educacionais dos alunos superdotados garantirá, de fato, sua inserção efetiva e proveitosa nas classes do ensino regular.

7.5 Alternativas de trabalho em grupo

> No encontro do grupo de jovens, quando o assunto da discussão era sobre as amizades e relacionamentos, Gui (16 anos) diz que não consegue mais suportar um amigo e explica:
>
> — Não aguento mais conversar com ele, pois agora ele tem síndrome de Up.

---

* http://portal.mec.gov.br/seesp/index.php?option=content&task=view&id=165&Itemid=320

Diante da expressão de não entendimento do grupo, ele esclarece:

— Alguns têm síndrome de Down e ele desenvolveu síndrome de Up!

Quais as melhores alternativas de aprendizagem para os superdotados? Em que condições instrucionais esses alunos desenvolvem a necessária motivação e interesse para buscar a excelência e o alto nível no alcance de seus objetivos?

Quando o debate for sobre a aprendizagem dos alunos superdotados, essas questões estarão presentes. São questões críticas, encaradas por educadores que desenvolvem e administram programas para superdotados e talentosos (Feldhusen; Moon, 1992).

A análise dos resultados de trabalhos em grupo tem trazido expressivas contribuições e mostrado os benefícios resultantes da interação dos alunos. É o caso das contribuições da psicologia social genética, como mostram, por exemplo, os estudos de Perret-Clermont (1978) sobre os processos interacionais e, de forma mais genérica, sobre o papel dos fatores sociais no desenvolvimento. Eles apontam que, em determinadas condições, situações de interação social podem acarretar uma modificação na estrutura cognitiva do indivíduo.

Pesquisas sobre aprendizagem operatória revelam, também, que nos exercícios de seriação e de quantificação da inclusão matemática as crianças, trabalhando em pequenos grupos, participam de forma qualitativamente melhor e chegam a estratégias cognitivas mais avançadas (Moro, 1987).

Agrupar estudantes com talentos homogêneos parece essencial se desejarmos contribuir para que o aproveitamento esteja em níveis proporcionais às habilidades e continuarmos mantendo ou incentivando a motivação desses alunos para aprender. A motivação fica comprometida sempre que novos conceitos são muito fáceis ou muito difíceis; o desafio deve ser apropriado ao nível de prontidão do aluno (Feldhusen; Moon, 1992).

7.5.1 Grupos de Desenvolvimento de Talentos

Bruno (13 anos) cresceu e conseguiu ficar mais alto do que o pai. Naturalmente essa é a oportunidade de mostrar sua superioridade em algum aspecto e começou a brincar a esse respeito. Achou a expressão adequada para apelidar o pai: lenhador de bonsai.

A evidência dos resultados de estudos e pesquisas reforça os benefícios das práticas flexíveis em grupo, com ganhos acadêmicos substanciais, especialmente para os superdotados. A formação de grupos de interesses e capacidades semelhantes torna-se cada vez mais necessária para estudantes cujos níveis de aproveitamento, atitudes, estilos de aprendizagem e motivações são extremos e cujas necessidades não são satisfeitas nas atividades de classe.

Diferenciam-se dos grupos de habilidade por sua desvinculação escolar, realizados em turno contrário, sem a separação dos seus integrantes por idade cronológica, mas, sim, pelos interesses que demonstram ou habilidades que desejam desenvolver. Podem ser realizados com atividades para qualquer faixa de desenvolvimento, da criança até o jovem adulto e, normalmente, a separação dos grupos procura compatibilizar a adequação de algumas características de cada fase, como, por exemplo, os grupos de crianças da educação infantil, nos quais a alfabetização ainda não aconteceu, o que faz com que as atividades sejam mais informais e lúdicas.

A escolha de conteúdos para os grupos deve ser um processo aberto, com propostas baseadas, em grande parte, em interesses e preferências dos próprios alunos. Uma prática sensata é associar as necessidades dos alunos com as oportunidades que o programa pode proporcionar, passando por uma reavaliação periódica do seu progresso. A diferenciação do programa desenvolvido ocorrerá naturalmente quando as experiências, habilidades e a bagagem que o aluno já tem interagirem com as características e conteúdos desse novo núcleo de oportunidades.

Outro fator de diferenciação será o desempenho dos professores ou facilitadores. Eles devem planejar experiências e atividades de aprendizagem que tenham variedade em aceleração, enriquecimento, profundidade, complexidade e variedade. O professor será um elemento importante para observar que haja desafios em um nível de compreensão e desempenho diferente do que os superdotados encontraram até aquele momento no ensino regular. A atuação

Maria Lúcia Prado Sabatella

do professor será crítica para fazer com que os alunos sejam criadores e produtores de conhecimento. Seu papel de facilitador é mais didático. Será o companheiro, instrutor, mentor, amigo, parceiro nas descobertas e aquele responsável por proporcionar oportunidades diferenciadas de aprendizagem, até mesmo encaminhando o aluno para instâncias que possam estender e ampliar suas direções e oportunidades.

Alguns alunos são capazes de um rendimento mais rápido, dominando materiais mais complexos; o fato de estarem juntos será um fator determinante para o desenvolvimento total de suas capacidades. Com práticas adequadas nos grupos, poderemos ofertar a todos os alunos oportunidades iguais para participarem de atividades diferenciadas e avançadas, com o propósito de atingir as necessidades de aprendizagem individual.

A conscientização de que os indivíduos de maior habilidade também constituem grupos heterogêneos e de que sua educação deve ser correspondente às suas necessidades especiais reforça a compreensão de que todos os indivíduos são únicos e também têm necessidades diferenciadas.

Nos programas especiais para superdotados, temos visto nos olhos de muitos participantes, antes apáticos e desanimados com a escola, o reacender do brilho e da excitação provenientes do estímulo de um novo projeto, da possibilidade de explorar uma teoria sob outro ponto de vista ou da liberdade de testar as hipóteses que levantaram. Temos, também, nos surpreendido com alunos criativos ou artísticos, negligenciados e desvalorizados no ensino formal, que desabrocham para a vida em um local onde podem usar sua imaginação, seu potencial artístico ou sua criatividade nos textos, arte, dança ou teatro (Smutny, 2003).

MITO – SUPERDOTADOS NÃO DEVEM SER SEPARADOS EM GRUPOS

Alguns consideram que o agrupamento permanente pode ser prejudicial por incentivar a segregação e o fortalecimento de traços de personalidade ou de atitudes negativas, no entanto, é natural no ser humano a tendência a agrupar-se, trocar ideias e interagir entre seus semelhantes. Por isso, um trabalho que oportunize aos indivíduos superdotados conhecer seus iguais e realizar atividades em que sejam respeitadas as características e a velocidade de cada um é inestimável para o autoconhecimento, a autovalorização e a construção de sua identidade. (Pérez, 2003)

7.5.2 Grupos de Discussão Orientada – Pais

Devemos ter sempre em mente que somente o ambiente escolar, por mais apropriado que seja, não é suficiente para assegurar desafios compatíveis e o entendimento da grande intensidade e envolvimento que os alunos com altas habilidades apresentam. O trabalho integrado com os pais, buscando o alcance dos objetivos comuns entre família e escola, é essencial para prover conhecimento adequado, valorizar e demonstrar afeição a essas crianças, aceitando suas peculiaridades. Não custa salientar que são, primeiramente, crianças, antes de serem superdotadas.

Muito do sucesso no desenvolvimento saudável dos alunos de maior potencial depende do envolvimento familiar, em especial para os de menor faixa etária. Todas as crianças e jovens precisam de estabilidade emocional e os pais podem assumir uma liderança efetiva na defesa das necessidades de seus filhos, desde que entendam quais soluções práticas devem adotar e como podem alcançá-las. As crianças crescem e desabrocham seus talentos e habilidades de forma mais evidente em um lar em que existe calor, afeição e entendimento.

Os Grupos de Discussão Orientada para pais de crianças e jovens têm mostrado ser uma das únicas oportunidades que as famílias encontram para buscar a informação necessária quando percebem que seu filho apresenta alto potencial intelectual, talento expressivo em alguma área ou habilidades especiais.

Dentro da realidade educacional brasileira, na qual ainda não há a identificação dos alunos com maior potencial intelectual ou a formação sistemática dos profissionais para proporcionar uma educação adequada nas classes regulares, esse programa tem sido uma das mais importantes e seguras ações para

Maria Lúcia Prado Sabatella

o esclarecimento das famílias e o apoio de que necessitam. Foi implantado no Instituto para Otimização da Aprendizagem (Inodap), em 1999, de forma pioneira, com o incentivo de seus idealizadores, James T. Webb, Ph.D. e Arlene DeVries, M.S.E., coautores do *Gifted parent groups: the Seng Model (Grupos de pais de superdotados: o Modelo Seng)* (Webb; DeVries, 1993).

Alguns aspectos são comuns entre os pais de crianças superdotadas, sendo os causadores de suas maiores angústias. Verificam, inicialmente, uma dissonância entre as práticas recomendadas para a criação de seus filhos e a realidade que estão encontrando na convivência familiar. Sentem-se, muitas vezes, estressados ao conviver com uma criança de insaciável curiosidade, intensa sensibilidade e alto nível de energia. Muitos pais aprendem, rapidamente, a fazer parecer sem importância o comportamento ou as habilidades dos seus filhos, com receio de que seus amigos sintam-se diminuídos na comparação entre as crianças. Alguns alimentam preocupações sobre a normalidade da criança, pela falta de informações que mostrem que o comportamento diferenciado é simplesmente típico de indivíduos com alto potencial. Ademais, uma das maiores dificuldades enfrentada por todos é a carência de profissionais, inclusive nas escolas, que possuam informações específicas sobre a educação de crianças superdotadas (Webb; DeVries, 1993). Essa realidade aflitiva faz com que os pais reprimam suas dúvidas e se isolem, embora, muitas vezes, desejem, desesperadamente, relatar sua vivência familiar.

O encontro dos pais em um programa organizado especialmente para o alcance de maiores informações sobre a superdotação e, principalmente, proporcionando oportunidades de compartilhar abertamente com outras famílias as suas dúvidas, tem mostrado sua eficiência e ampliado o conhecimento a respeito da relação familiar.

A troca de experiências pode levantar numerosos aspectos que servirão de apoio à educação dos superdotados e outros que tranquilizarão as famílias ao perceber que comportamentos de seus filhos que causavam estranheza são comuns nas outras crianças. Unir os pais em grupos de discussão é uma rica fonte de informações para todos os integrantes e evidencia como podem se ajudar, descrevendo as estratégias que tiveram sucesso em determinadas situações. Isso poderá significar não somente o entendimento das conquistas de cada participante, mas a construção de um companheirismo que favorece também seus filhos, ao entenderem que essas crianças precisam muito mais do que uma ocasional aula mais estimulante. Quando os pais conhecem outras famílias e dividem suas experiências e ansiedades, tornam-se confiantes em sua capacidade para facilitar o desenvolvimento intelectual, social e emocional dos filhos (Sabatella, 2007).

A experiência com os grupos de discussão orientada tem provado ser efetiva e proporcionado apoio e orientação para seu estímulo e desenvolvimento. A intenção do programa é aumentar a consciência dos pais e professores de indivíduos superdotados, para reconhecer que esses alunos e suas famílias têm necessidades emocionais diferentes, quase sempre não observadas ou negligenciadas. Quando pais e educadores combinam esforços, as chances das crianças aumentam, assim como são geradas maiores oportunidades de estabelecer serviços nas escolas e na comunidade.

Além do suporte familiar tão efetivo, atualmente outro objetivo é expandir esse programa para que se constitua parte das atividades de uma rede de pessoas interessadas em fazer com que alguns indivíduos sintam-se bem em ser talentosos ou superdotados, tenham eles 5 ou 50 anos de idade.

7.5.3 Grupos de Discussão Orientada – Adultos

Aceitamos que algumas crianças e jovens são superdotados, então, temos de levar em conta o que acontece com esses jovens quando eles crescem. O que acontece quando se tornam adultos?

Depois de acompanhar muitos superdotados, podemos dizer que crianças superdotadas crescem para uma vida adulta com as mesmas qualidades singulares e as mesmas questões de vida.

Quando acompanhadas e identificadas na infância, a tendência é de uma vida adulta mais equilibrada e com condições de entender suas características e habilidades. Porém, a maioria dos adultos superdotados raramente foi orientada na infância, não conhece o que é normal para um superdotado e experimenta um sentimento de alienação, frustração e até de raiva. Não valoriza suas capacidades e não cogita em investir em seu próprio desenvolvimento. Procura, em determinadas situações, a ajuda profissional; isso acontece pelas inúmeras queixas a respeito de sua forma diferente de ser, pela inconstância profissional ou acadêmica ou dificuldade em aceitar e ser aceito pelas demais pessoas.

Os superdotados podem interpretar mal o seu modo complexo de pensar e suspeitam que têm algum desequilíbrio. São capazes de confundir sua intensidade emocional com imaturidade ou como uma falha de caráter. Sentem a dor de serem diferentes e não serem valorizados pelos outros. Frequentemente, eles não se entendem ou se valorizam e desenvolvem uma forma de esconder suas habilidades, camuflar seu verdadeiro eu, assumindo um tipo para apresentar ao mundo e tentar ser aceitos.

Notamos, em todos os grupos de discussão com os pais, que, enquanto muitos deles aceitam a superdotação de seu filho e as características associadas, parecem negar completamente suas próprias semelhanças, assim como a história de seu crescimento e dificuldades pelo não reconhecimento das mesmas habilidades. Vemos que os pais expressam preocupações sobre o desenvolvimento das crianças superdotadas, mas procuram descartar e não pensar na possibilidade de seu próprio talento, uma vez que esse é um processo doloroso. É difícil relembrar suas próprias fases de desenvolvimento enquanto têm de ser os que estão ensinando, guiando, orientando e aprendendo com seus filhos.

A superdotação pode ser vista sob diversos aspectos pelos profissionais e há grande possibilidade de que suas características, no adulto, sejam observadas e diagnosticadas de modo equivocado. Pessoas superdotadas precisam de orientação ou aconselhamento diferentes e por profissionais que tenham maior conhecimento da superdotação. Desde a orientação a respeito da profissão, da carreira, tudo deve ser analisado com base nas características individuais do adulto especial.

Quando os adultos superdotados recebem orientações a respeito de suas condições, eles percebem que, mesmo sendo estatisticamente uma minoria, não estão sozinhos no mundo. Seus extraordinários níveis de sensibilidade não desaparecem com a idade. Adultos superdotados continuam sendo superemocionais e sensíveis. Eles têm grande complexidade intelectual e um desejo ardente de informações. Isso vem acrescido de um alto nível de energia, intensidade e sensibilidade, da determinação de padrões excepcionalmente altos para eles e para os outros e extrema exigência consigo mesmos. São muito independentes e perceptivos, gostam de estar no controle, mas quase sempre estão cheios de dúvidas, embora sintam que devem ser autossuficientes.

Por saber dessas condições, a iniciativa de realizar um grupo de discussão orientada para os adultos foi uma atitude considerada necessária, mas pensada, cuidadosa e bem estruturada.

Com a efetivação de certos grupos, já pudemos verificar que há alguns aspectos a serem observados. O grupo de discussão não pode ter o caráter de um grupo de terapia. São esclarecidos para os componentes convidados os objetivos e finalidades dos encontros. A faixa etária, a formação acadêmica e o sexo dos participantes não mostram ter grande importância na empatia que se cria entre eles. Os encontros são realizados com dois facilitadores e com um número bem pequeno de pessoas, de quatro a seis componentes.

No primeiro encontro, são fixadas algumas regras sobre a escolha dos assuntos sugeridos, que podem sofrer alterações de acordo com o interesse do grupo. Outro aspecto é sobre o sigilo. O grupo discute e decide como deve ser tratado esse assunto.

Enquanto no grupo de pais as famílias falam abertamente de seus filhos, não têm restrições em revelar seu nome, escola e interesses, quando se trata de adultos, que são conhecidos socialmente, estão colocados em ambientes profissionais ou acadêmicos, deve haver maior cuidado para não expor seus integrantes. Os profissionais que facilitam o grupo observam a regra de não ventilar o que ocorre, as discussões, os comentários ou as escolhas dos integrantes.

A condução dos assuntos discutidos tem seu enfoque inicial no conhecimento da superdotação, na realização do mapeamento cerebral, com as dominâncias e características dos componentes, e esses primeiros temas teóricos fazem com que todos fiquem mais à vontade.

A partir das primeiras reuniões desenvolve-se uma maior confiança entre os participantes. Eles começam a encontrar compatibilidades, demonstrar grande entusiasmo e interesse em entender melhor suas características e saber como os demais componentes do grupo conseguiram administrar condições semelhantes durante a vida.

Os aspectos dominantes para todos são os que envolvem suas relações sociais, profissionais e afetivas. A discussão e o entendimento sobre esses assuntos fazem com que os participantes comecem a sentir que pertencem a um grupo com as mesmas características, e a afinidade que se cria é a base para a construção de uma amizade duradoura.

O que consideramos como a maior validade do trabalho com os adultos é o alcance do entendimento de que aspectos que sempre foram apontados como errados serem justamente os que são comuns em seu grupo de pares. Descobrir um grupo de pertencimento torna-se essencial para esclarecer e sanar as dificuldades de assumir sua real condição de indivíduos muito especiais.

Definições definitivas e inesquecíveis

- Pensar é sonhar acordado e sonhar é pensar dormindo.
- Relâmpago é um barulho que vai rabiscando o céu.
- Sono é saudade de dormir.
- Deserto é uma floresta sem árvores.
- Felicidade é uma palavra que tem música.
- Vento é aquele ar que está com muita pressa.
- Cobra é um bicho que só tem rabo.
- Esperança é um pensamento que a gente quer muito que dê certo.
- Avestruz é a girafa dos passarinhos.
- Calcanhar é o queixo do pé.
- Cueca é só uma fralda que cresceu.
- Vergonha é quando a pessoa deixa a cor da pele ficar para dentro, para ela poder ficar vermelha.
- Ser otimista é esquecer os oito gols que deixei entrar e pensar somente nos cinco que eu defendi.
- A fada do dente é que traz dinheiro quando cai seu dentinho. Se você não escovar os dentes, ela traz um dinheiro furado.

7.6 Programas especiais: ferramenta para a excelência

Os programas destinados aos alunos superdotados têm se mostrado altamente produtivos para a escola e para os educadores, e essa é a razão de afirmarmos que são uma ferramenta para o alcance da excelência no ensino. Acreditar em um investimento dessa natureza é avançar no tempo, pois, mesmo com o progresso da neurociência e a evolução tecnológica facilitando o acesso às informações, é provável que não se perceba alguma ligação entre a ciência e a metodologia do ensino. Ainda não é possível afirmar que cientistas e educadores estejam avaliando a importância dos dados da pesquisa sobre o cérebro e o comportamento humanos como meios de auxiliar a aprendizagem e a educação.

No entanto, o cérebro humano, maravilhosamente complexo e plástico, é único e opera dentro de parâmetros cientificamente compreensíveis, embora não devamos imaginar que apenas buscando os resultados das pesquisas científicas seja possível prescrever soluções pedagógicas. Podemos, sim, aproveitar o entendimento sobre o cérebro, a inteligência e o desenvolvimento do potencial humano para conquistar o entendimento da variedade dos estilos de aprendizagem.

Possivelmente, também, para encontrarmos alternativas criativas para os dilemas educacionais, devemos saber que qualquer solução deve ter como enfoque principal o respeito à individualidade do aluno e nunca estar atrelada à generalização. Em suma, o que a ciência pode contribuir com a educação é o mesmo que a educação pode fazer a respeito da ciência: um diálogo contínuo que encoraje a análise crítica e inspire uma construção transdisciplinar.

A educação especial para os superdotados não difere da educação dos demais alunos, necessitando, entretanto, ofertar uma qualidade que permita a manutenção e ampliação de seus interesses e o desenvolvimento dos processos de pensamento.

Professores, preocupados com as necessidades educacionais especiais, devem ter como objetivo favorecer o desenvolvimento dos talentos de todos os alunos, até o limite de suas capacidades; organizar programas que mantenham relação com as escolas, incentivando e orientando para que tenham altos padrões educacionais; auxiliar os pais a apoiar e encorajar os filhos a alcançarem o máximo de seus talentos e habilidades.

Educadores de alunos superdotados têm nas mãos a responsabilidade e o poder de mudar os padrões de educação para todos os alunos. Ao buscar informações sobre os procedimentos e métodos inovadores de ensino, indicados para os alunos com alta habilidade, eles estarão aprendendo melhores técnicas e planejando o modo de utilizar estratégias adequadas. Em consequência, estarão melhorando seu conhecimento, e isso terá reflexos em todos os estudantes. Com efeito, a educação, de forma geral, é melhorada quando há maior qualidade na educação de uns poucos alunos (Johnson, 1989). Incentivar os professores a se tornarem mais capazes fará com que exteriorizem o melhor que têm para oferecer às crianças.

O bom ensino não é somente benéfico aos programas de superdotados; quando a escola tem de rever seu currículo para incluir atividades que estimulem o alto nível de pensamento, vital para os superdotados, esse currículo é examinado na sua totalidade.

Podemos concluir que o processo de pesquisa das estratégias e metodologias aplicadas nos programas para superdotados, bem como a análise dos resultados, são fatores que poderão determinar uma educação melhor para todos os estudantes. A escolha segura de como agrupar os alunos e programar atividades fará com que algumas rotinas sejam alteradas. Os estudantes superdotados, assim como os demais estudantes, terão oportunidades iguais de frequentar classes diferenciadas e avançadas, destinadas a atingir as finalidades de uma aprendizagem correspondente à capacidade individual.

Alunos superdotados demandam excelência dos educadores. Uma ação adequada para sua educação só será efetivada quando houver dois agentes importantes e determinantes: os alunos, que impulsionam essa necessidade, e os educadores, que os identificam e acreditam que são capazes de alcançar o que necessitam. Isso acarreta a melhoria do ensino, trazendo a chance que o mesmo aconteça para os seus colegas. Desse modo, uma melhor educação para alunos com habilidades superiores também pode beneficiar todo um contexto educacional e, como resultado, a sociedade poderá contar com melhores políticos, gerentes, pedagogos, pesquisadores, artistas, professores e profissionais em geral (Sabatella, 2002).

Capítulo

8

8 Diferentes e admiráveis – considerações finais

Com apenas 18 meses, aquela criança febril não teve cura para sua doença. Ficaram somente sequelas marcando sua vida: cegueira, surdez e, consequentemente, falta de comunicação. Por sete anos viveu em um mundo escuro, sobrevivendo por instinto, como um pequeno animal, e, segundo os padrões da época, destinada a viver enclausurada.

A dura batalha para fazer essa criança agressiva e arredia ter contato com o mundo exterior faria muitos desistirem, mas Anne Sullivan, admirável professora, enfrentou o desafio. Assumiu a tutoria de Helen e, depois de indescritíveis esforços, conseguiu que a menina tivesse o primeiro contato com o mundo exterior, aprendendo a distinguir seres e objetos com o toque das mãos e a ensaiar o raciocínio em relação às suas experiências táteis.

Helen Keller (1880-1968) foi uma das mulheres mais extraordinárias do século XX. Aprendeu a falar aos 10 anos, e a deficiência não a impediu de graduar-se com louvor, conhecer geografia, álgebra, física, biologia, filosofia, inglês e francês. Proferiu centenas de conferências em vários países, inclusive no Brasil, e escreveu livros notáveis.

Seu potencial fantástico só floresceu pela relação e perseverança de dois agentes importantes: o indivíduo que precisa e o indivíduo que acredita.

Pela grande relação com todas as questões que foram discutidas, escolhemos nos lembrar, em nossas considerações sobre pessoas diferentes e admiráveis, da história dessa pessoa dotada de uma capacidade sobre-humana de lutar, que constantemente dizia: "Nunca se deve rastejar, quando o nosso impulso é voar".

Certamente sua alma era muito diferente!

O nosso mundo é, de fato, um lugar extraordinário. Em cada geração ou cultura, emergem pessoas notáveis, com talentos excepcionais para efetivamente fazer a diferença na sociedade e, de alguma forma, também em nosso cotidiano.

Observando a sua caminhada, ficamos maravilhados e muitos de nós os colocamos em um pedestal. Gostamos da ideia do gênio e da genialidade; admiramos aqueles que se elevam, que criam produtos para facilitar nossas vidas; valorizamos sua criatividade e suas contribuições, porém, quase sempre, não apreciamos sua natureza incomum e intensa.

Eles são muito diferentes!

Nessas considerações finais, gostaríamos de dialogar com a crônica *Alma dos diferentes*, de Artur da Távola (2008), um dos admiráveis "diferentes" que se preocupa com seus iguais, tentando sensibilizar o público por meio de sua fantástica capacidade de descrição literária. Para aqueles que apreciarem essa crônica, ela encontra-se na íntegra ao final do capítulo.

> ...Ah, o diferente, esse ser especial!
> Diferente não é quem pretenda ser. Esse é um imitador do que ainda não foi imitado, nunca um ser diferente. Diferente é quem foi dotado de alguns mais e de alguns menos em hora, momento e lugar errados para os outros. [...] O diferente é um ser sempre mais próximo da perfeição.

São diferentes, mas continuamos nos maravilhando e apreciando esses indivíduos, pois eles vieram preencher os espaços da vida rotineira com sua curiosidade, excitação e paixão pelo que fazem. Igualmente, supomos que sendo quem são, com a possibilidade de criar, construir e vencer obstáculos, não devem ter tido grandes dificuldades para alcançar seus objetivos.

É justo fazer essas suposições? O que realmente sabemos a respeito de uma alta capacidade, de um grande potencial, principalmente naqueles que se encontram nos bastidores? Quem é o indivíduo que está atrás de uma obra notável e como é seu mundo? Como foi seu caminho até o reconhecimento? Como ele sentiu seu crescimento?

> O diferente nunca é um chato. Mas é sempre confundido por pessoas menos sensíveis e avisadas. Supondo encontrar um chato onde está um diferente, talentos são rechaçados; vitórias, adiadas; esperanças, mortas. Um diferente medroso, este sim, acaba transformando-se num chato. Chato é um diferente que não vingou. Os diferentes muito inteligentes percebem porque os outros não os entendem.

Estranhamente, nesses indivíduos incríveis, o mesmo modelo interno e as características de personalidade que os tornaram quem são foram aspectos que, por muito tempo, mantiveram-nos escondidos e abafados. Suas habilidades e qualidades, hoje valorizadas pelos resultados, possivelmente os deixaram esperando, fizeram com que ficassem retidos em um espaço intelectual muito limitado.

Até que alguém apareça aos olhos do público, o que foi e fez antes de ter reconhecimento é, na maioria das vezes, um grande mistério. Vivenciar constantemente a inadequação, a diferença, a rejeição, a culpa por não alcançar os altos padrões que estabeleceu para si ou sentir-se como uma fraude, por pensar que não está nem perto do que os outros pensam, é uma crucial realidade (Jacobsen, 1999).

Normalmente, a reação inicial dos superdotados a essas frustrações é de ansiedade e raiva. Todavia, eles logo percebem que a sua raiva é inconsistente, pois é dirigida a situações que estão fora de seu controle.

> Os diferentes raivosos acabam tendo razão sozinhos, contra o
> mundo inteiro. Diferente que se preza entende o porquê de quem
> o agride. Se o diferente se mediocrizar, mergulhará no complexo
> de inferioridade. O diferente paga sempre o preço de estar – mes-
> mo sem querer – alterando algo, ameaçando rebanhos, carneiros
> e pastores. [...] O verdadeiro diferente sabe que nunca tem razão,
> mas que está sempre certo.

Esses adultos que se mostram para nós, percebendo que são intensos, complexos, rápidos, aprenderam que sua forte personalidade é vista como excessiva, muito distante do que é considerado como normal e, consequentemente,
inadequada. Podem interpretar erroneamente seu modo de pensar profundo
e complexo. Podem confundir sua intensidade emocional com imaturidade
ou falha de caráter. Sem uma explicação adequada sobre a superdotação e
suas diferenças, eles são capazes de usar uma máscara para proteger seu verdadeiro eu ou adotar um perfil para se ajustar ao mundo e evitar desaprovação.

Em uma cultura que vê a diferença como defeito, não é surpresa que muitos
desses indivíduos extraordinários dirijam sua crítica a eles mesmos e se conside-
rem incompetentes nas realizações e relações interpessoais.

> O diferente começa a sofrer cedo [...], onde os demais, de mãos
> dadas, e até mesmo alguns adultos, por omissão, se unem para
> transformar o que é peculiaridade e potencial em aleijão e carica-
> tura. O que é percepção aguçada em: "Puxa, fulano, como você é
> complicado". O que é o embrião de um estilo próprio em: "Você
> não está vendo como todo mundo faz?"
> O diferente carrega, desde cedo, apelidos e marcações os quais
> acaba incorporando.

É para facilitar o entendimento dessa condição especial que é chamada
de superdotação, presente também em muitos adultos ao nosso redor, que
necessitamos inicialmente voltar a atenção para a criança, sua família, o

aluno, sua relação com a escola e para o processo que veio sendo construído até a sua vida adulta.

Como as crianças superdotadas são capazes de considerar as inúmeras possibilidades de modificar ou solucionar situações, elas têm uma grande tendência ao idealismo e à solidariedade. A intensidade e a sensibilidade inerentes às suas características potencializam a profunda decepção e frustração que sentem quando seus ideais não são alcançados. Crianças e jovens superdotados percebem, prontamente, inconsistências, arbitrariedades e absurdos na vida social ou nas atitudes das pessoas ao seu redor.

Essas crianças superdotadas não desaparecem quando terminam o ensino médio e ingressam nos cursos de graduação. Elas se tornam adultos superdotados com os mesmos atributos singulares e as mesmas questões existenciais. Por causa deles, muitas tradições são questionadas e desafiadas. A procura da verdade, da sinceridade e dos altos padrões morais vão construindo indivíduos que modificam leis, alteram caminhos, forçam com que seja feita justiça e aprendem a tolerar as críticas.

> Só os diferentes mais fortes do que o mundo se transformaram (e se transformam) nos seus grandes modificadores. Diferente é o que vê mais longe do que o consenso. O que sente antes mesmo dos demais começarem a perceber. Diferente é o que se emociona enquanto todos em torno agridem e gargalham. É o que engorda mais um pouco; chora onde outros xingam; estuda onde outros burram. Persiste onde outros cansam. Espera de onde já não vem. Sonha entre realistas. Concretiza entre sonhadores. Fala de leite em reunião de bêbados. Cria onde o hábito rotiniza. Sofre onde os outros ganham.

A experiência do adulto superdotado é a de possuir um conhecimento incomum, uma mente admirável, que leva a percepções e julgamentos tão distintos que exigem do indivíduo uma extraordinária coragem. Um grande número desses adultos está ciente não apenas de suas habilidades, mas de como seu potencial os distancia dos demais.

Maria Lúcia Prado Sabatella

Ingressar na fase adulta sem conhecer suas capacidades mentais pode fazer com que se sintam fragmentados, frustrados e com um vácuo em seu autoconhecimento. Como a diferença mais expressiva no indivíduo superdotado é sua mente, não entender ou valorizar essa mente torna quase impossível estabelecer os fundamentos para a valorização pessoal.

Adultos superdotados assumem perfis variados, assim como são diversas as suas características de personalidade. Alguns adultos se encaixam perfeitamente nas expectativas culturais e sociais, outros não. As possibilidades de um superdotado enfrentar problemas estão relacionadas ao desconhecimento de suas qualidades ou à negação de seu potencial. Não conhecer sua condição faz com que se sinta alienado não somente dos demais, mas também de si mesmo (Tolan, 2008).

> Diferente é o que fica doendo onde a alegria impera. Aceita empregos que ninguém supõe. Perde horas em coisas que só ele sabe ser importantes. [...] Fala sempre na hora de calar. Cala nas horas erradas. Não desiste de lutar pela harmonia. Fala de amor no meio da guerra. Deixa o adversário fazer o gol, porque gosta mais de jogar do que de ganhar.

Embora os indivíduos superdotados normalmente saibam que são inteligentes, quase nunca estão conscientes de como a inteligência os afeta emocional e socialmente. Há poucas pesquisas nesse campo, porém o que revelam é que facilmente as pessoas inteligentes podem sentir-se confusas e angustiadas com a falta de esclarecimento sobre as suas habilidades tão especiais.

Muitos adultos relatam como gostariam de poder alterar algumas situações vivenciadas na infância. Gostariam de ter tido maior esclarecimento de como eram; serem valorizados e amados por serem o que foram e não pelo que poderiam realizar; ter professores que entendessem seu ritmo e necessidade de mais desafios; conviver com companheiros que apreciassem seu modo de ser, os entendessem e se preocupassem com eles. A maioria não vivenciou esse tipo de experiência e o consenso é que a aceitação e o amor por quem são é o que se mostra mais importante em sua análise.

> Os diferentes aí estão: enfermos, paralíticos, machucados, engordados, magros demais, inteligentes em excesso, bons demais para aquele cargo. [...] Aí estão, doendo e doendo, mas procurando ser, conseguindo ser, sendo muito mais.

Os adultos superdotados, por já estarem mais adaptados a viver em uma sociedade em que a manifestação da emoção não é bem recebida, geralmente são mais competentes do que crianças para controlar a expressão de sua sensibilidade e intensidade emocional. Em algumas áreas, como as artes, a incomum intensidade emocional dos superdotados pode ser entendida e aceita, mas não são muitas as oportunidades de que sua dimensão emocional seja entendida. Na maioria das situações, aspectos da sensibilidade e das emoções não são bem aceitos. Desde a infância, durante muitos anos, há um grande treinamento para reprimir a demonstração da emoção e, na vida adulta, as consequências psicológicas dessa repressão aparecerão.

Mesmo quando o indivíduo é capaz de usar seus dons para alcançar inegável sucesso profissional, ele pode viver com o permanente sentimento de sempre estar fora do padrão. Grande exigência, expectativas de constante acerto, percepção de todos os detalhes e visão ampla das situações acarretam dificuldades para muitos, em sua vida e em sua carreira.

A necessidade de acolhimento e de afeto permanece desde a infância, e as ligações de amizade têm uma conotação muito mais significativa do que para os demais. As realizações e o sucesso não suprem sua carência de acolhimento e aceitação.

> A alma dos diferentes é feita de uma luz além. Sua estrela tem moradas deslumbrantes que eles guardam para os pouco capazes de os sentir e entender. Nessas moradas estão os tesouros da ternura humana. De que só os diferentes são capazes.
> Não mexa com o amor de um diferente. A menos que você seja suficientemente forte para suportá-lo depois.

Maria Lúcia Prado Sabatella

Novas informações, ideias e conceitos nos assustam por provocarem mudanças e nos tirarem de nossa zona de conforto. A reflexão sobre os aspectos de algumas abordagens desta obra pode agregar elementos que permitam que muitas mentes não permaneçam no mesmo estágio em que se encontravam ao começarmos nossa conversa. Somente assim poderemos dizer que deixamos uma mensagem a todos que interagiram nesse processo educativo.

A alma dos diferentes
(Artur da Távola)

...Ah, o diferente, esse ser especial!
Diferente não é quem pretenda ser.
Esse é um imitador do que ainda não foi imitado, nunca um ser diferente.

Diferente é quem foi dotado de alguns mais e de alguns menos em hora,
momento e lugar errados para os outros.
Que riem de inveja de não serem assim. E de medo de não aguentar,
caso um dia venham a ser.
O diferente é um ser sempre mais próximo da perfeição.

O diferente nunca é um chato. Mas é sempre confundido por pessoas
menos sensíveis e avisadas. Supondo encontrar um chato onde está um
diferente, talentos são rechaçados; vitórias, adiadas; esperanças, mortas.
Um diferente medroso, este sim, acaba transformando-se num chato.
Chato é um diferente que não vingou.
Os diferentes muito inteligentes percebem porque os outros não os en-
tendem. Os diferentes raivosos acabam tendo razão sozinhos, contra
o mundo inteiro. Diferente que se preza entende o porquê de quem
o agride. Se o diferente se mediocrizar, mergulhará no complexo de
inferioridade.

O diferente paga sempre o preço de estar – mesmo sem querer – alterando algo, ameaçando rebanhos, carneiros e pastores. O diferente suporta e digere a ira do irremediavelmente igual: a inveja do comum; o ódio do mediano. O verdadeiro diferente sabe que nunca tem razão, mas que está sempre certo.

O diferente começa a sofrer cedo, já no primário, onde os demais, de mãos dadas, e até mesmo alguns adultos, por omissão, se unem para transformar o que é peculiaridade e potencial em aleijão e caricatura. O que é percepção aguçada em: "Puxa, fulano, como você é complicado". O que é o embrião de um estilo próprio em: "Você não está vendo como todo mundo faz?"

O diferente carrega, desde cedo, apelidos e marcações os quais acaba incorporando.
Só os diferentes mais fortes do que o mundo se transformaram (e se transformam) nos seus grandes modificadores.
Diferente é o que vê mais longe do que o consenso. O que sente antes mesmo dos demais começarem a perceber.

Diferente é o que se emociona enquanto todos em torno agridem e gargalham.
É o que engorda mais um pouco; chora onde outros xingam; estuda onde outros burram.
Persiste onde outros cansam.
Espera de onde já não vem. Sonha entre realistas.
Concretiza entre sonhadores.
Fala de leite em reunião de bêbados. Cria onde o hábito rotiniza.
Sofre onde os outros ganham.

Diferente é o que fica doendo onde a alegria impera.
Aceita empregos que ninguém supõe.

Perde horas em coisas que só ele sabe ser importantes.
Engorda onde não deve. Fala sempre na hora de calar. Cala nas horas erradas. Não desiste de lutar pela harmonia. Fala de amor no meio da guerra.
Deixa o adversário fazer o gol, porque gosta mais de jogar do que de ganhar.

Ele aprendeu a superar riso, deboche, escárnio, e a consciência dolorosa de que a média é má porque é igual.

Os diferentes aí estão: enfermos, paralíticos, machucados, engordados, magros demais, inteligentes em excesso, bons demais para aquele cargo, excepcionais, narigudos, barrigudos, joelhudos, de pé grande, de roupas erradas, cheios de espinhas, de mumunha, de malícia ou de baba.
Aí estão, doendo e doendo, mas procurando ser,
conseguindo ser, sendo muito mais.

A alma dos diferentes é feita de uma luz além.
Sua estrela tem moradas deslumbrantes que eles guardam
para os pouco capazes de os sentir e entender.
Nessas moradas estão os tesouros da ternura humana.
De que só os diferentes são capazes.
Não mexa com o amor de um diferente.
A menos que você seja suficientemente forte para suportá-lo depois.

Fontes para pesquisa

Instituto para Otimização da Aprendizagem (Inodap)

O Inodap é uma entidade jurídica, de direito privado, cujos objetivos, princípios e finalidade são apoiar e desenvolver ações e serviços para a defesa e a elevação do ser humano nas áreas de pesquisa, cultura, educação, ciência e sobre as questões da educação especial, com enfoque na superdotação.

É um projeto inovador, que, por suas características, serviu de modelo para inúmeras iniciativas nessa área. Além de ser referência na avaliação do potencial intelectual de crianças, jovens e adultos, tem como objetivo prestar informações, orientação específica para pais, treinamento para professores e outros profissionais, promovendo cursos de capacitação para docentes, palestras para a comunidade, encontros e grupos de discussão para as famílias, grupo de estudos para profissionais e interessados. Perfis nas redes sociais e canal do YouTube mantêm os seguidores atualizados e bem-informados.

Disponível em: <http://www.inodap.org.br>.

Conselho Brasileiro para Superdotação (ConBraSD)

Instituição que congrega profissionais e instituições de maior expressão na área da superdotação no Brasil. Integram, atualmente, o ConBraSD pessoas físicas e jurídicas de vários estados brasileiros. Tem a finalidade de informar e sensibilizar a sociedade sobre as altas habilidades ou superdotação, visando alcançar a adequada educação desses indivíduos, estimular suas potencialidades, favorecer sua autorrealização e propiciar condições para seu desenvolvimento a fim de que se tornem fator de aceleração para a sociedade.

No site do conselho há informações de grande relevância sobre o tema e uma lista de profissionais especializados em todo o país.

Disponível em: <https://www.conbrasd.org/>.

Secretaria de Educação Especial do Ministério da Educação e Cultura do Brasil

No site podem ser acessados legislação, dados da educação especial, constituição de normas, diretrizes e ações para fornecer subsídios legais que garantam igualdade de oportunidades para os alunos com altas habilidades ou superdotação.

Disponível em: <https://www.mec.gov.br/seesp>.

Renzulli Center for Creativity, Gifted Education, and Talent Development

O Centro Renzulli para Criatividade, Educação de Superdotados e Desenvolvimento de Talentos é um dos principais centros do mundo na área de educação de superdotados e desenvolvimento de talentos. A missão é promover prazer, engajamento e entusiasmo pela aprendizagem em professores e alunos em todos os níveis de educação por meio de pesquisa de alta qualidade e divulgação de abordagens de ensino inovadoras. O trabalho no desenvolvimento de talentos e na educação de superdotados é baseado em aplicações práticas de mais de quatro décadas de pesquisa, assim como o serviço que é prestado a professores, administradores, pesquisadores e formuladores de políticas em todo o mundo.

Disponível em: <https://gifted.uconn.edu/>.

National Association for Gifted and Talented Children (NAGC)

A NAGC é a organização norte-americana voltada para as necessidades de crianças superdotadas e talentosas. Dedicada a edificar e capacitar aqueles que apoiam crianças com habilidades avançadas, a associação fornece aprendizado profissional energizante, pesquisa impactante e defesa inspiradora para garantir que todas as crianças tenham oportunidades equitativas e suporte para desenvolver seus dons e talentos.

Disponível em: <http://www.nagc.org/>.

World Council for Gifted and Talented Children (WCGTC)

O Conselho Mundial para Crianças Superdotadas e Talentosas é uma organização mundial sem fins lucrativos que oferece apoio a crianças superdotadas. O WCGTC é uma organização diversificada, em rede em todo o mundo, com uma associação ativa de educadores, acadêmicos, pesquisadores, pais e outros interessados no desenvolvimento e na educação de crianças superdotadas e talentosas de todas as idades.

Disponível em: <http://world-gifted.org/>.

European Council for High Ability (ECHA)

No Conselho Europeu para Altas Habilidades (ECHA), estão associados os principais representantes da educação especial/superdotação da Europa e também de outros países interessados no desenvolvimento de recursos educacionais para seus alunos especiais. O conselho tem como objetivo promover o estudo e o desenvolvimento do potencial de excelência nas pessoas e atuar como uma rede de comunicação para promover a troca de informações entre pessoas interessadas em expressivas habilidades – educadores, pesquisadores, psicólogos, pais e os próprios altamente capazes.

(em inglês).

Disponível em: <http://www.echa.ws/modules/news/>.

Federação Íbero-Americana do World Council for Gifted and Talented Children

Centro especializado no atendimento de alunos superdotados e talentosos desde a sua criação, em 1989. Tem como objetivo atender às necessidades educacionais e psicológicas de alunos superdotados, bem como de seus familiares e profissional que afetam sua educação. Mantém cinco níveis de trabalho: identificação, cursos de enriquecimento, cursos de formação, pesquisa e publicações.

Tem como associados os representantes de países de língua portuguesa e espanhola e está filiada ao Conselho Mundial para Crianças Superdotadas e Talentosas (WCGTC).

Disponível em: <https://www.centrohuertadelrey.com/ficomundyt/>.

Supporting Emotional Needs of the Gifted (SENG)

É uma organização sem fins lucrativos que capacita famílias e comunidades para orientar indivíduos superdotados e talentosos a alcançar seus objetivos: intelectualmente, fisicamente, emocionalmente, socialmente e espiritualmente.

Direciona suas ações para as necessidades socioemocionais desses indivíduos, frequentemente mal-entendidas ou ignoradas e fornece suporte por meio de uma variedade de programas, todos destinados a serem inclusivos e acessíveis. Oferece grupos de suporte on-line para indivíduos superdotados, talentosos e com dupla condição   seus pais/responsáveis.

Disponível em: <http://www.sengifted.org>.

Mensa Internacional

Organização internacional que reúne pessoas que demonstram alto desempenho comprovado por testes psicométricos. Fundada em 1946 no Reino Unido, tem como propósito promover a inteligência como ferramenta estratégica para o desenvolvimento e a evolução da humanidade. O único requisito de ingresso é possuir QI acima de 98% da população geral, comprovado por testes referendados de inteligência. Presente em cerca de 100 países, possui mais de 145 mil membros.

Disponível em: <https://www.mensa.org/>.

Mensa Brasil

É afiliada brasileira oficial da Mensa internacional, fundada em 2002. Reúne brasileiros e residentes no Brasil e adota os mesmos critérios internacionais para a admissão de novos membros. Coordena, representa e mobiliza seus associados, com foco em três objetivos principais: identificar e promover a inteligência humana em benefício da humanidade; estimular pesquisas sobre a natureza, características e usos da inteligência; promover um ambiente intelectual e socialmente estimulante para seus associados.

Disponível em: <https://mensa.org.br/>.

Referências

ALENCAR, E. M. L. S. de. **Psicologia e educação do superdotado**. São Paulo: EPU, 1986.

ALENCAR, E. M. L. S. de; FLEITH, D. S. **Superdotação**: determinantes, educação e ajustamento. São Paulo: EPU, 2001.

ALENCAR, E. M. L. S. de; VIRGOLIM, A. M. R. Dificuldades emocionais e sociais do superdotado. In: NUNES SOBRINHO, F. P.; CUNHA, A. C. B. **Dos problemas disciplinares aos distúrbios de conduta**. Rio de Janeiro: Dunya, 1999. p. 89-114.

ANDRADE, L. J. de. **Toda a criança nasce gênio**. Rio de Janeiro: UERJ, 1990.

ASSOCIAÇÃO BRASILEIRA PARA SUPERDOTADOS – SEÇÃO RS. **Relatório final da pesquisa sobre portadores de altas habilidades**: Região Metropolitana de Porto Alegre. Porto Alegre: ABSD-RS, 2001.

BARBE, W. B. Homogeneous grouping for gifted children. **Educational Leadership**, v. 13, n. 41, p. 225-229, 1965.

BARRETT, S. **It's all in your head**. Minneapolis: Free Spirit Publishing, 1992.

BORING, E. G. Intelligence as the tests test it. **New Republic**, 35, p. 35-37, 6 June 1923.

BRAIN. In: THE MERCK Manual of Medical Information Online Version. Disponível em: <http://www.merck.com/mmhe/sec06/ch076/ch076b.html?qt=brain&alt=sh>. Acesso em: 26 ago. 2005.

BRASIL. Lei n. 9.394, de 20 de dezembro de 1996. Estabelece as diretrizes e bases da educação nacional. **Diário Oficial [da] República Federativa do Brasil**, Brasília, DF, 23 dez. 1996, p. 27833. Disponível em: <http://www6.senado.gov.br/sicon/ExecutaPesquisaLegislacao.action>. Acesso em: 12 mar. 2008.

BRASIL. Ministério da Educação e Cultura. Centro Nacional de Educação Especial. **Subsídios para organização e funcionamento de serviços de educação especial**: área de superdotação. Rio de Janeiro: MEC/Seps/Cenesp, 1986.

BRASIL. Ministério da Educação e Cultura. Secretaria de Educação Especial. **A construção de práticas educacionais para alunos com altas habilidades/superdotação**. v. 1: orientação a professores. Organização: Denise de Souza Fleith. Brasília: MEC/Seesp, 2007.

BRASIL. **Adaptações curriculares em ação**: desenvolvendo competências para o atendimento às necessidades educacionais de alunos com altas habilidades/superdotação. Brasília: MEC/Seesp, 2002.

BRASIL. **Diretrizes gerais para o atendimento educacional aos alunos portadores de altas habilidades/superdotação e talentos**. Brasília: MEC/Seesp, 1995a.

BRASIL. **Saberes e práticas da inclusão**: desenvolvendo competências para o atendimento às necessidades educacionais de alunos com altas habilidades/superdotação. 2. ed. Brasília: MEC/Seesp, 2006.

BRASIL. **Subsídios para organização e funcionamento de serviços de educação especial**: área de altas habilidades. Brasília: MEC/Seesp, 1995b.

BRASIL. Ministério da Educação e Cultura. Secretaria de Educação Fundamental. Secretaria de Educação Especial. **Parâmetros Curriculares Nacionais**: adaptações curriculares – estratégias para a educação de alunos com necessidades educacionais especiais. Brasília: MEC/SEF/Seesp, 1999.

BRINGUIER, J. **Conversando com Jean Piaget**. Rio de Janeiro: Difel, 1978.

CAROLYN, K. **What is highly gifted? Exceptionally gifted? Profoundly gifted? And what does it mean?** Disponível em: <http://www.hoagiesgifted.org/highly_profoundly.htm>. Acesso em: 29 ago. 2005.

CASSIDY, S.; JACK, A. R.; HOSSLER, A. State and federal definitions of the gifted: an update. **The Gifted Children Today**, Alabama, v. 15, n. 1, Jan./Feb. 1992.

CLARK, B. **Growing up gifted**: developing the potential of children at home and at school. New York: MacMillan Publishing Company, 1992.

DABROWSKI, K.; PIECHOWSKI, M. M. **Theory of levels of emotional development**. Oceanside, NY: Dabor Science, 1977. 2 v. (v. 1: Multilevelness and positive disintegration; v. 2: From primary integration to self-actualization).

DAURIO, S. P. Educational enrichment versus acceleration: a review of the literature. In: GEORGE, W. C.; COHN, S. J.; STANLEY, J. C. (Ed.). **Educating the gifted**: acceleration and enrichment. Baltimore: The Johns Hopkins University Press, 1979.

DESCOBERTA acidental leva a tratamento para memória. **Folha de S. Paulo**, São Paulo, 02. fev. 2008. Disponível em: <http://www1.folha.uol.com.br/fsp/ciencia/fe0202200805. htm>. Acesso em: 18 mar. 2008.

DIAMOND, M. A. **Conversation with Marian Diamond**. Entrevista concedida a Ashish Ranpura, 2005. Disponível em: <http://www.brain-connection.com/topics/? main=conv/diamond>. Acesso em: 10 fev. 2005.

DIAMOND, M. A. **Enriching heredity**. New York: The Free Press, 1988.

DIETZ, C. **Robert Sternberg's educational theories**. Disponível em: <http://www. teachingexpertise.com/articles/robert-sternbergs-educational-theories-1679>. Acesso em: 14 mar. 2008.

EBY, J. W.; SMUTNY, J. F. **A thoughtful overview of gifted education**. New York: Longman, 1990.

EDWARDS, B. **Desenhando com o lado direito do cérebro**. Rio de Janeiro: Ediouro, 2000.

EXTREMIANA, A. A. **Niños superdotados**. Madrid: Pirámide, 2000.

FELDHUSEN, J. A conception of the field of gifted education. In: FELDHUSEN, J. (Ed.). **Toward excellence in gifted education**. Denver: Love Publishing Company, 1985.

FELDHUSEN, J. Practicum activities for students and gifted children in a university course. **Gifted Child Quarterly**, Texas, v. 17, n. 2, p. 124-129, Summer 1973.

FELDHUSEN, J.; BASKA, L. Identification and assessment of the gifted and talented. In: FELDHUSEN, J. (Ed.). **Toward excellence in gifted education**. Denver: Love Publishing Company, 1985.

FELDHUSEN, J.; MOON, S. M. Grouping gifted students: issues and concerns. **Gifted Child Quarterly**, Texas, v. 36, n. 2, p. 63-67, 1992.

FREEMAN, J.; GUENTHER, Z. C. **Educando os mais capazes**. São Paulo: EPU, 2000.

FRENCH, J. L. **Educating the gifted**: a book of readings. New York: Holt, Rinehart & Winston, 1964.

GALBRAITH, J. **You know your child is gifted when...** a beginner's guide to life on the bright side. Minneapolis: Free Spirit Publishing, 2000.

GALBRAITH, J; SCHMITZ, C. **Managing the social and emotional needs of the gifted**: a teacher's survival guide. Minneapolis: Free Spirit Publishing, 1985.

GARDNER, H. **Frames of mind**: the theory of multiple intelligences. New York: Basic Books, 1983.

GARDNER, H. **Inteligências múltiplas**: um conceito reformulado. São Paulo: Objetiva, 2000.

GARDNER, H. **The quest of mind**: Piaget, Lévi-Strauss and the structuralist movement. Chicago/Londres: University of Chicago Press, 1981.

GOWAN, J. D.; TORRANCE, E. P. **Educating the ablest**. Itasca III: Peacock, 1971.

GROSS, M. U. M. Issues in the cognitive development of exceptionally and profoundly gifted individuals. In: HELLER, K. A.; MONKS, F. J.; STERNBERG, R. J.; SUBOTNIK, R. F. (Ed.). **International handbook of research and development of giftedness and talent**. 2nd. ed. New York: Pergamon, 2000.

GUILFORD, J. P. **Way beyond the IQ**: a guide to improving intelligence and creativity. New York: Creative Education Foundation, 1979.

GUIMARÃES, T. G. Avaliação psicológica de alunos com altas habilidades. In: FLEITH, D.; ALENCAR, E. M. L. S. de. **Desenvolvimento de talentos e habilidades**: orientação a pais e professores. Porto Alegre: Artmed, 2007. p. 79-85.

HANSON, S. A Conversartion with Howard Gardner. **Brain Connection**. 5 fev. 2003. Disponível em: <http://www.brainconnection.com/topics/?main=conv/gardner>. Acesso em: 10 nov. 2022.

HERSHEY, M. Toward a theory of teacher education for the gifted and talented. **Roeper Review**, Bloomfield Hills, Michigan, v. 1, n. 3, p. 12-14, Mar. 1979.

HOLLINGWORTH, L. S. **Children above 180 IQ**. New York: Arno Press, 1975.

INTERVIEW with Dr. Sternberg. Disponível em: <http://www.indiana.edu/~intell/sternberg. shtml >. Acesso em: 14 mar. 2008.

JACOBSEN, M. **Liberating everyday genius**. New York: The Ballantine Publishing Group, 1999.

JACQUARD, A. **Filosofia para não filósofos**: respostas claras e lúcidas para questões essenciais. Rio de Janeiro: Campus, 1998.

JENSEN, E. **Teaching with the brain in mind**. 2001. Disponível em: <http://www.brain connection.com>. Acesso em: 10 fev. 2005.

JOHNSON, N. L. **The faces of gifted**: a resource for educators and parents. New York: Pieces of Learning, 1989.

KERR, B. A. **Smart girls two**: a new psychology of girls, women and giftedness. Dayton: Ohio Psychology Press, 1994.

KRUSZIELSKI, L. **Sobre a teoria das inteligências múltiplas, de Gardner**. 1999. Disponível em: <http://www.oestrangeiro.net/index.php?option=com_content&task=view&id=27& Itemid=55>. Acesso em: 02 abr. 2003.

LANDAU, E. **A coragem de ser superdotado**. São Paulo: Arte e Ciência, 2002.

LAURANCE, J. Scientists discover way to reverse loss of memory. **The Independent**, London, 30 Jan. 2008. Disponível em: <http://www.independent.co.uk/news/science/scientists-discover-way-to-reverse-loss-of-memory-775586.html>. Acesso em: 14 mar. 2008.

LAZEAR, D. **Seven ways of teaching**: the artistry of teaching with multiple intelligences. Illinois: Skylight Publishing, 1991.

LESLIE, M. The vexing legacy of Lewis Terman. **Stanford Magazine**, July/Aug. 2000. Disponível em: <http://www.stanfordalumni.org/news/magazine/2000/julaug/articles/ terman.html>. Acesso em: 20 ago. 2005.

LIND, S. Over excitability and the gifted. **The SENG Newsletter**, v. 1, n. 1, p. 3-6, Aug. 2002. Disponível em: <http://www.sengifted.org/articles_social/Lind_Overexcit abilityAndTheGifted.shtml>. Acesso em: 18 ago. 2005.

MARLAND JUNIOR, S. P. **Education of gifted and talented**. U.S. Commissioner of Education, 92nd Session. Washington, D.C.: USCPO, 1972.

McWILLIAMS, E. M. The gifted pupil in the high school. In: BARBE, W. B. (Ed.). **Psychology and education of the gifted**. New York: Appleton-Century-Crofts, 1965.

MECKSTROTH, E. A. Complexities of giftedness: Dabrowski's theory. In: SMUTNY, J. F. (Ed.). **The young gifted child**: potential and promise – an anthology. Cressil, NJ: Hampton Press, 1998.

MODERNELL, R.; GERALDES, E. O enigma da inteligência. **Globo Ciência**, Rio de Janeiro, v. 2, n. 15, p. 56-63, out. 1992.

Moro, M. L. F. **Aprendizagem operatória**: a interação social da criança. São Paulo: Cortez/ Autores Associados; Curitiba: Sciencia et Labor, 1987.

Novaes, M. H. **Desenvolvimento psicológico do superdotado**. São Paulo: Atlas, 1979.

Osborn, J. **Assessing gifted children**. Disponível em: <http://www.hoagiesgifted.org/assessing_gifted.htm>. Acesso em: 25 jan. 2008.

Pereira, V. L. P. **Gestão escolar para uma escola inclusiva**: PGM 5 – Atendendo aos alunos com altas habilidades/superdotação. Disponível em: <http://www.tvebrasil.com.br/salto/boletins2003/gei/tetxt5.htm>. Acesso em: 14 mar. 2008.

Pérez, S. G. P. B. Mitos e crenças sobre as pessoas com altas habilidades: alguns aspectos que dificultam o seu atendimento. **Cadernos de Educação Especial**, Santa Maria, v. 2, n. 22, p. 45-59, 2003.

Perret-Clermont, A. **A construção da inteligência pela interação social**. Tradução de E. Godinho. Lisboa: Sociocultur, 1978.

Piaget, J. **Psicologia da inteligência**. Rio de Janeiro: Zahar, 1983.

Piechowski, M. M. Emotional development and emotional giftedness. In: Colangelo, N.; Davis, G. (Ed.). **Handbook of gifted education**. Needham Heights, MA: Allyn & Bacon, 1991. p. 285-306.

Popper, K. R.; Eccles, J. C. **O eu e seu cérebro**. Campinas: Papirus; Brasília: Editora Universidade de Brasília, 1991.

Reis, S. M. Current research on differentiating curriculum and instruction to meet the needs of all students. In: Encontro do Conselho Brasileiro para Superdotação, 1., 2004, Brasília. **Palestra...** Disponível em: <http://www.conbrasd.com.br/17_palestras.htm>. Acesso em: 13 mar. 2008.

Renzulli, J. S. The three-ring conception of giftedness. In: Baum, S. M.; Reis, S. M.; Maxfield, L. R. **Nurturing the gifts and talents of primary grade students**. Mansfield Center, CT: Creative Learning Press, 1998. Disponível em: <http://www.gifted.uconn.edu/sem/semart.13.html>. Acesso em: 20 mar. 2008.

Renzulli, J. S. **The three-ring conception of giftedness**: a developmental model for creative productivity. Storrs-Mansfield: University of Connecticut, 1984.

RENZULLI, J. S.; REIS, S. M. The enrichment triad/revolving door model: a schoolwide plan for the development of creative productivity. In: RENZULLI, J. S. (Ed.). **Systems and models for developing programs for the gifted and talented**. Mansfield Center, CT: Creative Learning Press, 1986. p. 216-266.

RENZULLI, J. S.; SMITH, L. H. An alternative approach to identifying and programming for gifted and talented students. **Gifted Children Today**, Texas, n. 15, p. 4-11, Nov./Dec. 1980.

ROSENZWEIG, M. Environmental complexity, cerebral change and behavior. **American Psychologist**, Washington, v. 21, n. 4, p. 321-332, Apr. 1966.

RUF, D. **Losing our minds**: gifted children left behind. Scottsdale, AZ: Great Potential Press, 2005.

RUF, D. et al. **Scales for rating the behavioral characteristics of superior students**. Mansfield Center, CT: Creative Learning Press, 1976.

SABATELLA, M. L. P. Atendimento às famílias de alunos com altas habilidades. In: FLEITH, D. S.; ALENCAR, E. M. L. S. de (Org.). **Desenvolvimento de talentos e altas habilidades**. Porto Alegre: Artmed, 2007.

SABATELLA, M. L. **Instituto para otimização da aprendizagem**: uma alternativa educacional para alunos superdotados e talentosos. 1995. Dissertação (Mestrado em Educação) – Universidade Federal do Paraná, Curitiba, 1995.

SABATELLA, M. L. Role of programs: relationships with parents, schools and communities. In: SMUTNY, J. F. (Ed.). **Designing and developing programs for gifted students**. Thousand Oaks: Corwin Press, 2002. p. 119-128.

SABATELLA, M. L. Superdotados: uma realidade e não um mito. **Contato**, Curitiba, v. 25, n. 126, p. 10, 2004.

SABATELLA, M. L. P.; CUPERTINO, C. M. B. Práticas educacionais de atendimento aos alunos com altas habilidades/superdotação. In: BRASIL. Ministério da Educação e Cultura. Secretaria de Educação Especial. **A construção de práticas educacionais para alunos com altas habilidades/superdotação**: v. 1: orientação a professores. Organização: Denise de Souza Fleith. Brasília: MEC/Seesp, 2007. p. 67-80.

SANTOS, C. A. **Colected quotes from Albert Einstein**. Disponível em: <http://www.if.ufrgs.br/einstein/>. Acesso em: 28 abr. 2005.

SANVITO, W. L. **O cérebro e suas vertentes**. São Paulo: Livraria Rocca, 1991.

São Paulo (Estado). Secretaria da Educação. Coordenadoria de Estudos e Normas Pedagógicas. **A educação dos superdotados**. São Paulo: SE/Cenp, 1988a.

Sabatella, M. L. Secretaria da Educação. Coordenadoria de Estudos e Normas Pedagógicas. **Educação para superdotados e talentosos**. São Paulo: SE/Cenp, 1988b.

Seeley, K. R. Competencies for teachers of gifted and talented children. **Journal for the Education of the Gifted**, Texas, v. 3, n. 1, p. 7-13, 1979.

Silverman, L. K. **Characteristics of giftedness**. Disponível em: <http://www.gifted development.com>. Acesso em: 30 ago. 2001.

Silverman, L. K. Facilitators for gifted learners. ESP. In: Feldhusen, J.; Baska, L. (Ed.). **Toward excellence in gifted education**. Denver: Love Publishing Company, 1985.

Silverman, L. K. The gifted individual. In: Silverman, L. K. (Ed.). **Counseling the gifted and talented**. Denver: Love Publishing Company, 1993. p. 3-28.

Smutny, J. F. **Gifted education, promises and practices**. Bloomington: Phi Delta Kappa Educational Foundation, 2003.

Smutny, J. F. **Gifted girls**: Fast back 427. Bloomington: Phi Delta Kappa Educational Foundation, 1998.

Smutny, J. F.; Walker, S. Y.; Meckstroth, E. A. **Acceleration for gifted learners**. Thousand Oaks, CA: Corwin Press, 2007.

Smutny, J. F.; Walker, S. Y.; Meckstroth, E. A. **Teaching the young gifted children in the regular classroom**: identifying, nurturing, and challenging – ages 4-9. Minneapolis: Free Spirit Publishing, 1997.

Stanley, J. C. On educating the gifted. **Educational Researcher**, Washington, v. 9, n. 3, p. 8-12, Mar. 1980.

Sternberg, R. **Human abilities**: an information processing approach. New York: W. H. Freeman, 1985a.

Sternberg, R. **I.Q. beyond a triarchic**: theory of human intelligence. New York: Cambridge University Press, 1985b.

Strang, R. **Helping your gifted child**. New York: Dutton, 1960.

Struss, D. T.; Benson, D. F. Neuropsychological studies of the frontal lobes. **Psychological Bulletin**, Washington, v. 95, n. 1, p. 3-28, 1984.

TANNENBAUM, A. J. The social psychology of giftedness. In: COLANGELO, N.; DAVIS, G. A. (Ed.). **Handbook of gifted education**. Boston: Allyn and Bacon, 1991. p. 27-44.

TÁVOLA, Artur da. **A alma dos diferentes**. Disponível em: <http://pt.shvoong.com/ humanities/1666927-texto-artur-da-t%C3%Alvola/>. Acesso em: 17 mar. 2008.

TERMAN, L. M. The discovery and encouragement of exceptional talent. **American Psychologist**, Washington, v. 9, p. 221-230, 1954.

TEYLER, T. An introduction to the neurosciences. In: WITTROCK, M. (Ed.). **The human brain**. New Jersey: Prentice-Hall, 1977. p. 134-158.

THOMPSON, R.; BERGER, T.; BERRY, S. An introduction to the anatomy, physiology and chemistry of the brain. In: WITTROCK, M. (Ed.). **The brain and psychology**. New York: Academic Press, 1980. p. 221-229.

TOLAN, S. S. **Dabrowski's over-excitabilities**: a layman's explanation. Feb. 1999. Disponível em: <http://www.stephanietolan.com/dabrowskis.htm>. Acesso em: 14 mar. 2008.

TOLAN, S. S. **Discovering the gifted ex-child**. Disponível em: <http://www.stephanietolan. com/gifted_ex-child.htm>. Acesso em: 14 mar. 2008.

TORRANCE, E. P. **Guiding creative talent**. Englewood Cliffs: Prentice-Hall, 1962.

TUTTLE, F. B.; BECKER, L. A. **Characteristics and identification of gifted and talented students**. Washington, D. C.: National Education Association, 1983.

UNESCO – United Nations Educational, Scientific and Cultural Organization. **2002 EFA global monitoring report**. Paris: Unesco, 2002.

VANTASSEL-BASKA, J. **Planning effective curriculum for gifted learners**. Denver: Love Publishing, 1992.

VEENKER, S. et al. **Your gifted children**. New York: Academic Press, 1989.

VIÑOLO, E. P. Caracterização bio-psico-social da superdotação. In: SEMINÁRIO NACIONAL SOBRE SUPERDOTADOS, 7., 1987, Curitiba. **Anais...** Rio de Janeiro: Senai/DN, 1988. p. 63-64.

WEBB, J. T. **Nurturing social emotional development of gifted children**. 1994. Disponível em: <http://www.ericdigests.org/1995-1/social.htm>. Acesso em: 14 mar. 2008.

WEBB, J. T.; DEVRIES, A. **Training manual for facilitators of Seng Model guided discussion groups**. Dayton: Ohio Psychology Press, 1993.

WEBB, J. T. et al. Misdiagnosis and dual diagnosis of gifted children. In: WEBB, J. T. et al. **Misdiagnosis and dual diagnoses of gifted children and adults**: ADHD, bipolar, OCD, Asperger's, depression and other disorders. Scottsdale: Great Potential Press, 2004. Disponível em: <http://www.sengifted.org/articles_counseling/Webb_Misdiagnosis AndDualDiagnosisOfGiftedChildren.shtml >. Acesso em: 14 mar. 2008.

WEBB, J. T.; KLEINE, P. A. Assessing gifted and talented children. In: CULBERTSON, J. L.; WILLIS, D. J. (Ed.). **Testing young children**. Austin: Pro-Ed, 1993. p. 383-407.

WEBB, J. T.; MECKSTROTH, E. A.; TOLAN, S. S. **Guiding the gifted child**: a practical source for parents and teachers. Dayton: Ohio Psychology Press, 1995.

WHITMORE, J. R. **Giftedness, conflict and underachievement**. New Jersey: Allyn & Bacon, 1980.

WINNER, E. **Crianças superdotadas**: mitos e realidades. Porto Alegre: Artes Médicas, 1998.

WINNER, E. The origins and ends of giftedness. **American Psychologist**, Washington, v. 55, n. 1, p. 159-169, 2000.

WITTROCK, M. **The brain and psychology**. New York: Academic Press, 1980.

WITTY, P. (Ed.). **The gifted child**. Boston: Heath, 1951.

Sobre
a autora

Maria Lúcia Prado Sabatella é profissional da educação, consultora e pesquisadora, especializada nas áreas de Inteligência Humana, Superdotação e Talento.

Tem graduação em Música pela Escola de Música e Belas Artes do Paraná – Embap (1964) e mestrado em Educação pela Universidade Federal do Paraná – UFPR (1995).

É delegada do Brasil no Conselho Mundial para Crianças Superdotadas e Talentosas (WCGTC) desde 1997.

É sócia-fundadora do Conselho Brasileiro para Superdotação (ConBraSD) e também idelizadora e presidente do Instituto para Otimização da Aprendizagem (Inodap), instituição sem fins lucrativos que tem a finalidade de desenvolver ações e serviços para a elevação do ser humano nas áreas de pesquisa, cultura, educação e ciência, bem como nas questões da educação inclusiva, com enfoque nas altas habilidades ou superdotação.

O Inodap é considerado referência entre as instituições brasileiras pelo seu trabalho de caráter prático, destinado a favorecer a descoberta de talentos ao avaliar o potencial de crianças, jovens e adultos superdotados, acompanhar seu desenvolvimento em aspectos pessoais, familiares e educacionais, orientar as famílias e os educadores e capacitar profissionais.

Atua como professora em cursos de pós-graduação voltados para a formação e a capacitação de profissionais (Psicopedagogia, Neuropsicologia, Educação Especial, Docência do Ensino Superior).

Tem vários artigos e capítulos de livros publicados no Brasil e no exterior. Frequentemente é convidada para dar entrevistas sobre inteligência e superdotação, conduzir seminários e apresentações em instituições educacionais e participar como palestrante em congressos nacionais e internacionais.

Impressão:
Agosto/2023